Tucholsky Wagner Zola Scott Sydow Schlegel
Turgenev Wallace Fonatne Freud

Twain Walther von der Vogelweide Fouqué Friedrich II. von Preußen
Weber Freiligrath Frey
Fechner Fichte Weiße Rose von Fallersleben Kant Ernst Frommel
Richthofen
Engels Fielding Hölderlin
Fehrs Faber Flaubert Eichendorff Tacitus Dumas
Eliasberg Ebner Eschenbach
Feuerbach Maximilian I. von Habsburg Fock Eliot Zweig
Ewald Vergil
Goethe London
Mendelssohn Balzac Shakespeare Elisabeth von Österreich
Dostojewski Ganghofer
Trackl Stevenson Lichtenberg Rathenau Doyle Gjellerup
Mommsen Tolstoi Hambruch
Thoma Lenz Hanrieder Droste-Hülshoff
Dach Verne von Arnim Hägele Hauff Humboldt
Reuter Rousseau Hagen
Karrillon Garschin Hauptmann Gautier
Defoe Baudelaire
Damaschke Descartes Hebbel
Wolfram von Eschenbach Dickens Schopenhauer Hegel Kussmaul Herder
Bronner Darwin Melville Grimm Jerome Rilke George
Campe Horváth Aristoteles Bebel Proust
Bismarck Vigny Barlach Voltaire Federer Herodot
Gengenbach Heine
Storm Casanova Tersteegen Grillparzer Georgy
Chamberlain Lessing Langbein Gilm Gryphius
Brentano Lafontaine
Strachwitz Claudius Schiller Kralik Iffland Sokrates
Katharina II. von Rußland Bellamy Schilling
Gerstäcker Raabe Gibbon Tschechow
Löns Hesse Hoffmann Gogol Wilde Vulpius
Luther Heym Hofmannsthal Gleim
Klee Hölty Morgenstern
Roth Heyse Klopstock Kleist Goedicke
Luxemburg Puschkin Homer Mörike
La Roche Horaz Musil
Machiavelli Kierkegaard Kraft Kraus
Navarra Aurel Musset
Lamprecht Kind Moltke
Nestroy Marie de France Kirchhoff Hugo
Laotse Ipsen Liebknecht
Nietzsche Nansen
Marx Ringelnatz
von Ossietzky Lassalle Gorki Klett Leibniz
May vom Stein Lawrence Irving
Petalozzi Knigge
Platon Kafka
Sachs Pückler Michelangelo Kock
Poe Liebermann Korolenko
de Sade Praetorius Mistral Zetkin

La maison d'édition tredition, basée à Hambourg, a publié dans la série **TREDITION CLASSICS** des ouvrages anciens de plus de deux millénaires. Ils étaient pour la plupart épuisés ou uniquement disponible chez les bouquinistes. La série est destinée à préserver la littérature et à promouvoir la culture. Elle contribue ainsi au fait que plusieurs milliers d'œuvres ne tombent plus dans l'oubli.

La figure symbolique de la série **TREDITION CLASSICS**, est Johannes Gutenberg (1400 - 1468), imprimeur et inventeur de caractères métalliques mobiles et de la presse d'impression.

Avec sa série **TREDITION CLASSICS**, tredition à comme but de mettre à disposition des milliers de classiques de la littérature mondiale dans différentes langues et de les diffuser dans le monde entier. Toutes les œuvres de cette série sont chacune disponibles en format de poche et en édition relié. Pour plus d'informations sur cette série unique de livres et sur l'éditeur tredition, visitez notre site: www.tredition.com

tredition a été créé en 2006 par Sandra Latusseck et Soenke Schulz. Basé à Hambourg, en Allemagne, tredition offre des solutions d'édition aux auteurs ainsi qu'aux maisons d'édition, en combinant à la fois édition et distribution du contenu du livre en imprimé et numérique et ce dans le monde entier. tredition est idéalement positionnée pour permettre aux auteurs et maisons d'édition de créer des livres dans leurs propres domaines et sujets sans prendre de risques de fabrication conventionnelles.

Pour plus d'informations nous vous invitons à visiter notre site: www.tredition.com

Rapport sur l'Instruction Publique, les 10, 11 et 19 Septembre 1791 fait au nom du Comité de Constitution à l'Assemblée Nationale

Charles Maurice de, prince de Bénévent
Talleyrand-Périgord

Mentions légales

Cette œuvre fait partie de la série TREDITION CLASSICS.

Auteur: Charles Maurice de, prince de Bénévent
Talleyrand-Périgord
Conception de couverture: toepferschumann, Berlin (Allemagne)

Editeur: tredition GmbH, Hambourg (Allemagne)
ISBN: 978-3-8491-4031-1

www.tredition.com
www.tredition.de

L'objectif de TREDITIONS CLASSICS est de mettre à nouveau à disposition des milliers d'œuvres de classiques français, allemands et d'autres langues disponible dans un format livre. Les œuvres ont été scannés et digitalisés. Malgré tous les soins apportés, des erreurs ne peuvent pas être complètement exclues. Nos partenaires et nous même, tredition, essayons d'aboutir aux meilleurs résultats. Toutefois, si des fautes subsistent, nous vous prions de nous en excuser. L'orthographe de l'œuvre originale a été reprise sans modification. Il se peut que ce dernier diffère de l'orthographe utilisée aujourd'hui.

THE FRENCH REVOLUTION RESEARCH COLLECTION

LES ARCHIVES DE LA RÉVOLUTION FRANÇAISE

MAXWELL

Headington Hill Hall, Oxford OX3 OBW, UK (p.003)

TABLE DES MATIÈRES

DE

L'INSTRUCTION

PUBLIQUE.

(p.004)

RAPPORT

SUR

L'INSTRUCTION PUBLIQUE,

Fait au nom du Comité de Constitution, par M. de Talleyrand-Périgord, ancien Évêque d'Autun,

Administrateur du Département de Paris.

Les pouvoirs publics sont organisés: la liberté, l'égalité existent sous la garde toute-puissante des Lois; la propriété a retrouvé ses véritables bases; et pourtant la Constitution pourroit sembler incomplette, si l'on n'y attachoit enfin, comme partie conservatrice et vivifiante, l'Instruction publique, que sans doute on auroit le droit d'appeller un pouvoir, puisqu'elle embrasse un ordre de fonctions distinctes qui doivent agir sans relâche sur le perfectionnement du Corps Politique et sur la prospérité générale.

Nous ne chercherons pas ici à faire ressortir la nullité ou les vices innombrables de ce qu'on a nommé jusqu'à ce jour Instruction. Même sous l'ancien ordre de choses, on ne pouvoit arrêter sa pensée sur la barbarie de nos institutions, sans être effrayé de cette privation totale de lumières, qui s'étendoit sur la grande majorité des hommes; sans être révolté ensuite et des opinions déplorables que l'on jettoit dans l'esprit de ceux qui n'étoient pas tout-à-fait dévoués à l'ignorance, et des préjugés de tous les genres dont on les nourrissoit, et de la discordance, ou plutôt de l'opposition absolue qui existoit entre ce qu'un enfant étoit contraint d'apprendre, et ce qu'un homme étoit tenu de faire; enfin, de cette déférence (p.005) aveugle et persévérance pour des usages dès long-temps surannés, qui, nous replaçant sans cesse à l'époque où tout le savoir étoit concentré dans les Cloîtres, sembloit encore, après plus de dix siècles, destiner l'universalité des Citoyens à habiter des Monastères.

Toutefois ces choquantes contradictions, et de plus grandes encore, n'auroient pas dû surprendre: elles devoient naturellement exister là où constitutionnellement tout étoit hors de sa place: où tant d'intérêts se réunissoient pour tromper, pour dégrader l'espèce humaine; où la nature du Gouvernement repoussoit les principes dans tout ce qui n'étoit pas destiné à flatter ses erreurs; où tout sembloit faire une nécessité d'apprendre aux hommes, dès l'enfance, à composer avec des préjugés, au milieu desquels ils étoient appelés à vivre et à mourir; où il falloit les accoutumer à contraindre leur pensée, puisque la Loi elle-même leur disoit avec menace qu'ils n'en étoient pas les maîtres; et où, enfin, une prudence pusillanime, qui osoit se nommer vertu, s'étoit fait un devoir de distraire leur esprit de ce qui pouvoit un jour leur rappeller des droits qu'il ne leur étoit pas permis d'invoquer: et telle avoit été, sous ces rapports, l'influence de l'opinion publique elle-même, qu'on étoit parvenu à pouvoir présenter à la jeunesse l'histoire des anciens Peuples libres, à échauffer son imagination par le récit de leurs héroïques vertus, à la faire vivre, en un mot, au milieu de Sparte et de Rome, sans que le pouvoir le plus absolu eut rien à redouter de l'impression que devoient produire ces grands et mémorables exemples. Aimons pourtant à rappeller que, même alors, il s'est trouvé des hommes dont les courageuses leçons sembloient appartenir aux plus beaux jours de la liberté: et, sans insulter à de trop excusables erreurs, jouissons avec reconnoissance des bienfaits de l'esprit humain, qui, dans toutes (p.006) les époques, a su préparer, à l'insçu du despotisme, la révolution qui vient de s'accomplir.

Or si, à ces diverses époques, dont chaque jour nous sépare par de si grands intervalles, la simple raison, la saine philosophie ont pu réclamer, non seulement avec justice, mais souvent avec quelque espoir de succès, des changemens indispensables dans l'instruction publique; si, dans tous les temps, il a été permis d'être choqué de ce qu'elle n'étoit absolument en rapport avec rien, combien plus fortement doit-on éprouver le besoin d'une réforme totale dans un moment où elle est sollicitée à la fois, et par la raison de tous les Pays, et par la constitution particulière du nôtre.

Il est impossible, en effet, de s'être pénétré de l'esprit de cette constitution sans y reconnoître que tous les principes invoquent les secours d'une instruction nouvelle.

Forts de la toute-puissance nationale, vous êtes parvenus à séparer, dans le Corps politique, la volonté commune ou la faculté de faire des Lois, de l'action publique ou des divers moyens d'en assurer l'exécution; et c'est là qu'existera éternellement le fondement de la liberté politique: mais, pour le complément d'un tel système, il faut sans doute que cette volonté se maintienne toujours droite, toujours éclairée, et que les moyens d'action soient invariablement dirigés vers leur but: or ce double objet est évidemment sous l'influence directe et immédiate de l'instruction.

La Loi, rappellée enfin à son origine, est redevenue ce quelle n'eût jamais dû cesser d'être, l'expression de la volonté commune. Mais pour que cette volonté, qui doit se trouver toute dans les Représentans de la Nation, chargés par elle d'être ses organes, ne soit pas à la merci des volontés éparses ou tumultueuses de la multitude souvent égarée; pour que ceux de qui tout pouvoir dérive ne soient pas (p.007) tentés, ni quant à l'émission de la Loi, ni quant à son exécution, de reprendre inconsidérément ce qu'ils ont donné, il faut que la raison publique, armée de toute la puissance de l'instruction et des lumières, prévienne ou réprime sans cesse ces usurpations individuelles, destructives de tout principe, afin que le parti le plus fort soit aussi, et pour toujours, le parti le plus juste.

Les hommes sont déclarés libres; mais ne sait-on pas que l'instruction aggrandit sans cesse la sphère de la liberté civile, et, seule, peut maintenir la liberté politique contre toutes les espèces de despotisme? Ne sait-on pas que, même sous la constitution la plus libre, l'homme ignorant est à la merci du Charlatan, et beaucoup trop dépendant de l'homme instruit; et qu'une instruction générale, bien distribuée, peut seule empêcher, non pas la supériorité des esprits qui est nécessaire, et qui même concourt au bien de tous, mais le trop grand empire que cette supériorité donneroit, si l'on condamnoit à l'ignorance une classe quelconque de la société? Celui qui ne sait ni lire, ni compter, dépend de tout ce qui l'environne: celui qui connoît les premiers élémens du calcul, ne dépendroit pas du génie de Newton, et pourroit même profiter de ses découvertes.

Les hommes sont reconnus égaux: et pourtant combien cette égalité de droits seroit peu sentie, seroit peu réelle, au milieu de tant d'inégalités de fait, si l'instruction ne faisoit sans cesse effort pour rétablir le niveau, et pour affoiblir du moins les funestes disparités qu'elle ne peut détruire!

Enfin, et pour tout dire, la constitution existeroit-elle véritablement, si elle n'existoit que dans notre code; si de-là elle ne jettoit ses racines dans l'âme de tous les Citoyens; si elle n'y imprimoit à jamais de nouveaux sentimens, de nouvelles mœurs, de nouvelles habitudes? Et n'est-ce pas à l'action (p.008) journalière et toujours croissante de l'instruction, que ces grands changemens sont réservés?

Tout proclame donc l'instante nécessité d'organiser l'instruction: tout nous démontre que le nouvel état des choses, élevé sur les ruines de tant d'abus, nécessite une création en ce genre; et la décadence rapide et presque spontanée des établissemens actuels qui, dans toutes les parties du Royaume, dépérissent comme des plantes sur un terrain nouveau qui les rejette, annonce clairement que le moment est venu d'entreprendre ce grand ouvrage.

En nous livrant au travail qu'il demande, nous n'avons pu nous dissimuler un instant les difficultés dont il est entouré. Il en est de réelles, et qui tiennent à la nature d'un tel sujet. L'instruction est en effet un pouvoir d'une nature particulière. Il n'est donné à aucun homme d'en mesurer l'étendue; et la puissance nationale ne peut elle-même lui tracer des limites. Son objet est immense, indéfini: que n'embrasse-t-il pas? Depuis les élémens les plus simples des Arts, jusqu'aux principes les plus élevés du droit public et de la morale; depuis les jeux de l'enfance jusqu'aux représentations théâtrales et aux fêtes les plus imposantes de la Nation, tout ce qui, agissant sur l'âme peut y faire naître et y graver d'utiles ou de funestes impressions, est essentiellement de son ressort. Ses moyens, qui vont toujours en se perfectionnant, doivent être diversement appliqués suivant les lieux, le temps, les hommes, les besoins. Plusieurs sciences sont encore à naître; d'autres n'existent déjà plus; les méthodes ne sont point fixées; les principes des sciences ne peuvent l'être, les opinions moins encore; et, sous aucun de ces rapports, il ne nous appartient d'imposer des lois à la postérité. Tel est néanmoins le pouvoir qu'il faut organiser.

A côté de ces difficultés réelles, il en est d'autres plus embarrassantes (p.009) peut-être, par la raison que ce n'est pas avec des principes qu'on parvient à les vaincre, et qu'il faut en quelque sorte composer avec elles. Celles-ci naissent d'une sorte de frayeur qu'éprouvent souvent les hommes les mieux intentionnés à la vue d'une grande nouveauté; toute perfection leur semble idéale; ils la redoutent presqu'à l'égal d'un système erroné, et souvent ils parviennent à la rendre impraticable, à force de répéter qu'elle l'est.

C'est à travers ces difficultés qu'il nous a fallu marcher; mais nous croyons avoir écarté les plus fortes, en réduisant extrêmement les principes, et en nous bornant à ouvrir toutes les routes de l'instruction, sans prétendre fixer aucune limite à l'esprit humain, aux progrès duquel on ne peut assigner aucun terme.

Quant aux autres difficultés, ceux qu'un trop grand changement effraye, ne tarderont pas à voir que, si nous avons tracé un plan pour chaque partie de l'instruction, c'est que dans la chose la plus pratique il falloit se tenir en garde contre les inconvéniens des principes purement spéculatifs; qu'il ne suffisoit pas de marquer le but, qu'il falloit aussi ouvrir les routes: mais en même temps nous avons pensé qu'il étoit nécessaire de laisser aux divers Départemens, qui connoîtront et ce qu'exigent les besoins, et ce que permettent les moyens de chaque lieu, à déterminer le moment où tel point en particulier pourra être réalisé avec avantage, comme aussi à le modifier dans quelques détails; car nous voulons que le passage de l'ancienne instruction à la nouvelle se fasse sans convulsion, et sur-tout sans injustice individuelle.

Pour nous tracer quelque ordre dans un sujet aussi vaste, nous avons considéré l'instruction sous les divers rapports qu'elle nous a paru présenter à l'esprit.

L'instruction en général a pour but de perfectionner l'homme (p.010) dans tous les âges, et de faire servir sans cesse à l'avantage de chacun et au profit de l'association entière les lumières, l'expérience, et jusqu'aux erreurs des générations précédentes.

Un des caractères les plus frappans dans l'homme est la perfectibilité; et ce caractère, sensible dans l'individu, l'est bien plus encore dans l'espèce: car peut-être n'est-il pas impossible de dire de tel homme en particulier, qu'il est parvenu au point où il pouvoit atteindre, et il le sera éternellement de l'affirmer de l'espèce entière, dont la richesse intellectuelle et morale s'accroît sans interruption de tous les produits des siècles antérieurs.

Les hommes arrivent sur la terre, avec des facultés diverses, qui sont à-la-fois les instrumens de leur bien-être et les moyens d'accomplir la destinée à laquelle la société les appelle; mais ces facultés, d'abord inactives, ont besoin et du temps, et des choses, et des hommes pour recevoir leur entier développement, pour acquérir toute leur énergie; mais chaque individu entre dans la vie avec une ignorance profonde sur ce qu'il peut et doit être un jour; c'est à l'instruction à le lui montrer; c'est à elle à fortifier, à accroître ses moyens naturels de tous ceux que l'association fait naître, et que le temps accumule. Elle est l'art plus ou moins perfectionné de mettre les hommes en toute valeur, tant pour eux que pour leurs semblables; de leur apprendre à jouir pleinement de leurs droits, à respecter et remplir facilement tous leurs devoirs; en un mot, à vivre heureux et à vivre utiles; et de préparer ainsi la solution du problème, le plus difficile peut-être des sociétés, qui consiste dans la meilleure distribution des hommes.

On doit considérer en effet la Société, comme un vaste attelier. Il ne suffit pas que tous y travaillent; il faut que tous y soient à leur place, sans quoi il y a opposition de forces, au lieu du concours qui les multiplie. Qui ne sait qu'un petit nombre, distribué avec intelligence, doit faire (p.011) plus et mieux qu'un plus grand, doué des mêmes moyens, mais différemment placé? La plus grande de toutes les économies, puisque c'est l'économie des hommes, consiste donc à les mettre dans leur véritable position: or il est incontestable qu'un bon système d'instruction est le premier des moyens pour y parvenir.

Comment le former ce système? Il sera sans doute, sous beaucoup de rapports, l'ouvrage du temps épuré par l'expérience; mais il est essentiel d'en accélérer l'époque. Il faut donc en indiquer les bases, et reconnoître les principes dont il doit être le développement progressif.

L'instruction peut être considérée comme un produit de là Société, comme une source de biens pour la Société; comme une source également féconde de biens pour les individus.

Et d'abord, il est impossible de concevoir une réunion d'hommes, un assemblage d'êtres intelligens, sans y appercevoir aussitôt des moyens d'instruction. Ces moyens naissent de la libre communication des idées, comme aussi de l'action réciproque des intérêts. C'est alors sur-tout qu'il est vrai, de dire que les hommes sont disciples de tout ce qui les entoure: mais ces élémens d'instruction, ainsi universellement répandus, ont besoin d'être réunis, combinés, et dirigés, pour qu'il en résulte un art, c'est-à-dire, un moyen prompt et facile de faire arriver à chacun, par des routes sûres, la part d'instruction qui lui est nécessaire. Dans une heureuse combinaison de ces moyens réside le vrai système d'instruction.

Sous ce premier point de vue, l'instruction réclame les principes suivans.

1º. Elle doit exister pour tous: car puisqu'elle est un des résultats, aussi bien qu'un des avantage de l'association, on doit conclure qu'elle est un bien commun des associés: nul ne peut donc en être légitimement exclus; et celui-là, qui p.012) a le moins de propriétés privées, semble même avoir un droit de plus pour participer à cette propriété commune.

2º. Ce principe se lie à un autre. Si chacun a le droit de recevoir les bienfaits de l'instruction, chacun a réciproquement le droit de concourir à les répandre: car c'est du concours et de la rivalité des efforts individuels que naîtra toujours le plus grand bien. La confiance doit seule déterminer les choix pour les fonctions instructives; mais tous les talens sont appellés de droit à disputer ce prix de l'estime publique. Tout privilège est, par sa nature, odieux: un privilège, en matière d'instruction, seroit plus odieux et plus absurde encore.

3º. L'instruction, quant à son objet, doit être universelle: car c'est alors qu'elle est véritablement un bien commun, dans lequel chacun peut s'approprier la part qui lui convient. Les diverses connoissances qu'elle embrasse, peuvent ne pas paroître également utiles; mais il n'en est aucune qui ne le soit véritablement, qui ne puisse le devenir davantage, et qui par conséquent doive être rejettée ou négligée. Il existe d'ailleurs entr'elles une éternelle alliance, une dépendance réciproque; car elles ont toutes, dans la raison de l'homme, un point commun de réunion, de telle sorte que nécessairement l'une s'enrichit et se fortifie par l'autre: de là il résulte que, dans une société bien organisée, quoique personne ne puisse parvenir à tout savoir, il faut néanmoins qu'il soit possible de tout apprendre.

4°. L'Instruction doit exister pour l'un et l'autre sexe; cela est trop évident: car, puisqu'elle est un bien commun, sur quel principe l'un des deux pourroit-il en être déshérité par la Société protectrice des droits de tous?

5°. Enfin elle doit exister pour tous les âges. C'est un préjugé de l'habitude de ne voir toujours en elle que l'institution de la jeunesse. L'instruction doit conserver et perfectionner (p.013) ceux qu'elle a déjà formés: elle est d'ailleurs un bienfait social et universel; elle doit donc naturellement s'appliquer à tous les âges, si tous les âges en sont susceptibles: or qui ne voit qu'il n'en est aucun où les facultés humaines ne puissent être utilement exercées, où l'homme ne puisse être affermi dans d'heureuses habitudes, encouragé à faire le bien, éclairé sur les moyens de l'opérer: et qu'est-ce que tous ces secours, si ce n'est des émanations du Pouvoir instructif?

De ces principes qui ne sont, à proprement parler, que des conséquences du premier, naissent des conséquences ultérieures et déjà clairement indiquées.

Puisque l'Instruction doit exister pour tous, il faut donc qu'il existe des établissemens qui la propagent dans chaque partie de l'Empire, en raison de ses besoins, du nombre de ses habitans, et de ses rapports dans l'association politique.

Puisque chacun a le droit de concourir à la répandre, il faut donc que tout privilège exclusif sur l'Instruction soit aboli sans retour.

Puisqu'elle doit être universelle, il faut donc que la Société encourage, facilite tous les genres d'enseignement, et en même-temps qu'elle protège spécialement ceux dont l'utilité actuelle et immédiate sera le plus généralement reconnue et le plus appropriée à la constitution et aux mœurs nationales.

Puisque l'instruction doit exister pour chaque sexe, il faut donc créer promptement des écoles, et pour l'un, et pour l'autre; mais il faut aussi créer pour elles des principes d'instruction: car ce ne sont pas les écoles, mais les principes qui les dirigent, qu'il faut regarder comme les véritables propagateurs de l'instruction.

Enfin, puisqu'elle doit exister pour tous les âges, il (p.014) faut ne pas s'occuper exclusivement, comme on l'a fait jusqu'à ce jour parmi nous, d'établissemens pour la jeunesse; il faut aussi créer, organiser des institutions d'un autre ordre qui soient pour les hommes de tout âge, de tout état, et dans les diverses positions de la vie, des sources fécondes d'instruction et de bonheur.

L'Instruction, considérée dans ses rapports avec l'avantage de la Société, exige, comme principe fondamental, qu'il soit enseigné à tous les hommes:

1°. A connoître la Constitution de cette Société;—2°. A la défendre;—3°. A la perfectionner;—4°. Et, avant tout, à se pénétrer des principes de la morale qui est antérieure à toute Constitution, et qui, plus qu'elle encore, est la sauve-garde et la caution du bonheur public.

De-là diverses conséquences relatives à la constitution Françoise.

Il faut apprendre à connoître la Constitution. Il faut donc que la Déclaration des droits et les principes constitutionnels composent à l'avenir un nouveau catéchisme pour l'enfance, qui sera enseigné jusques dans les plus petites écoles du Royaume. Vainement on a voulu calomnier cette Déclaration: c'est dans les droits de tous que se trouveront éternellement les devoirs de chacun.

Il faut apprendre à défendre la Constitution. Il faut donc que partout la jeunesse se forme, dans cet esprit, aux exercices militaires, et que par conséquent il existe un grand nombre d'écoles générales, où toutes les parties de cette science soient complettement enseignées: car le moyen de faire rarement usage de la force est de bien connoître l'art de l'employer.

Il faut apprendre à perfectionner la Constitution. En faisant serment de la défendre, nous n'avons pu renoncer, ni pour nos descendans, ni pour nous-mêmes, au droit et (p.015) à l'espoir de l'améliorer. Il importeroit donc que toutes les branches de l'art social pussent être cultivées dans la nouvelle instruction; mais cette idée, dans toute l'étendue qu'elle présente à l'esprit, seroit d'une exécution difficile au moment où la Science commence à peine à naître. Toutefois il n'est pas permis de l'abandonner, et il faut du moins encourager tous les essais, tous les établissement partiels en ce genre, afin que le plus noble, le plus utile des arts ne soit pas privé de tout enseignement.

Il faut apprendre à se pénétrer de la morale, qui est le premier besoin de toutes les Constitutions. Il faut donc, non-seulement qu'on la grave dans tous les cœurs par la voie du sentiment et de la conscience, mais aussi qu'on l'enseigne comme une science véritable, dont les principes seront démontrés à la raison de tous les hommes, à celle de tous les âges. C'est par là seulement qu'elle résistera à toutes les épreuves. On a gémi long-temps de voir les hommes de toutes les nations, de toutes les religions, la faire dépendre exclusivement de cette multitude d'opinions qui les divisent. Il en est résulté de grands maux: car en la livrant à l'incertitude, souvent à l'absurdité, on l'a nécessairement compromise, on l'a rendue versatile et chancelante. Il est temps de l'asseoir sur ses propres bases; il est temps de montrer aux hommes que, si de funestes divisions les séparent, il est du moins dans la morale un rendez-vous commun où ils doivent tous se réfugier et se réunir. Il faut donc en quelque sorte la détacher de tout ce qui n'est pas elle, pour la rattacher ensuite à ce qui mérite notre assentiment et notre hommage, à ce qui doit lui prêter son appui. Ce changement est simple; il ne blesse rien; sur-tout il est possible. Comment ne pas voir en effet qu'abstraction faite de tout système, de toute opinion, et en ne considérant dans les hommes que leurs rapports avec les autres hommes, on peut leur enseigner ce qui est bon, ce qui est juste, le (p.016) leur faire aimer, leur faire trouver du bonheur dans les actions honnêtes, du tourment dans celles qui ne le sont pas, former enfin de bonne heure leur esprit et leur conscience, et les rendre l'un et l'autre sensibles à la moindre impression de tout ce qui est mal. La nature a pour cela fait de grandes avances; elle a doué l'homme de la raison et de la compassion: par la première, il est éclairé sur ce qui est juste; par la seconde, il est attiré vers ce qui est bon: voilà le double principe de toute morale. Mais cette nouvelle partie de l'instruction, pour être bien enseignée, exige un ouvrage élémentaire, simple, à la fois clair et profond. Il est digne de l'Assemblée Nationale d'appeler sur un tel objet les veilles et les méditations de tous les vrais Philosophes.

L'instruction, comme source d'avantages pour les individus, demande que toutes les facultés de l'homme soient exercées; car c'est à leur exercice bien réglé qu'est attaché son bonheur, et c'est en les avertissant toutes, qu'on est sûr de décider la faculté distinctive de chaque homme.

Ainsi l'instruction doit s'étendre sur toutes les facultés, physiques, intellectuelles, morales.

Physiques. C'est une étrange bizarrerie de la plupart de nos éducations modernes de ne destiner au corps que des délassemens. Il faut travailler à conserver sa santé, à augmenter sa force, à lui donner de l'adresse, de l'agilité: car ce sont-là de véritables avantages pour l'individu. Ce n'est pas tout: ces qualités sont le principe de l'industrie, et l'industrie de chacun crée sans cesse des jouissances pour les autres. Enfin la raison découvre dans les différens exercices de la Gymnastique, si cultivée parmi les Anciens, si négligée parmi nous, d'autres rapports encore qui intéressent particulièrement la morale et la société. Il importe donc, sous tous les points de vue, d'en faire un objet capital de l'instruction. (p.017)

Intellectuelles. Elles ont été divisées en trois classes: l'Imagination, la Mémoire et la Raison. A la première ont paru appartenir les beaux Arts et les Belles-Lettres; à la seconde, l'Histoire, les Langues; à la troisième, les Sciences exactes. Mais cette division déjà ancienne, et les classifications qui en dépendent, sont loin d'être irrévocablement fixées: déjà même elles sont regardées comme incomplettes et absolument arbitraires par ceux qui en ont soumis le principe à une analyse réfléchie; toutefois il n'y a nul inconvénient à les employer encore comme formant la dernière carte des connoissances humaines. L'essentiel est que, dans tous les établissemens complets, l'Instruction s'étende sur les objets qu'elles renferment, sans exclure aucun de ceux qui pourroient n'y être pas indiqués. C'est au temps à faire le reste.

Morales. On ne les a, jusqu'à ce jour, ni classées, ni définies, ni analysées; et peut-être une telle entreprise seroit-elle hors des moyens de l'esprit humain; mais on sait qu'il est un sens interne, un sentiment prompt, indépendant de toute réflexion, qui appartient à l'homme et paroît n'appartenir qu'à l'homme seul. Sans lui, ainsi qu'il a été déjà dit, on peut connoître le bien; par lui seul on l'affectionne, et l'on contracte l'habitude de le pratiquer sans efforts. Il est donc essentiel d'avertir, de cultiver, et sur-tout de diriger de bonne heure une telle faculté, puisqu'elle est en quelque sorte le complément des moyens de vertu et de bonheur.

En rapprochant les divers points de vue sous lesquels nous avons considéré l'instruction, nous en avons déduit les règles suivantes sur la répartition de l'enseignement.

Il doit exister pour tous les hommes une première instruction commune à tous. Il doit exister pour un grand nombre une instruction qui tende à donner un plus grand développement aux facultés, et éclairer chaque élève sur sa destination (p.018) particulière. Il doit exister pour un certain nombre une instruction spéciale et approfondie, nécessaire à divers états dont la Société doit retirer de grands avantages.

La première instruction seroit placée dans chaque canton, ou plus exactement, dans chaque division qui renferme une assemblée primaire; la seconde, dans chaque District; la troisième, répondroit à chaque Département; afin que par-là chacun put trouver, ou chez soi, ou autour de soi, tout ce qu'il lui importe de connoître.

De-là une distribution graduelle, une hiérarchie instructive correspondante à la hiérarchie de l'administration.

Cette distribution ne doit pas au reste être purement topographique. Il faut que l'instruction s'allie le plus possible au nouvel état des choses, et qu'elle présente, dans ces diverses gradations, des rapports avec la nouvelle constitution. Voici l'idée que nous nous en sommes faite.

Près des Assemblées primaires qui sont les unités du Corps politique, les premiers élémens nationaux, se place naturellement la première école, l'école élémentaire. Cette école est pour l'enfance, et ne doit comprendre que des documens généraux, applicables à toutes les conditions. C'est au moment où les facultés intellectuelles annoncent l'être qui sera doué de la raison, que la Société doit en quelque sorte introduire un enfant dans la vie sociale, et lui apprendre à la fois ce qu'il faut pour être un jour un bon citoyen et pour vivre heureux. On ne sait encore quelle place il occupera dans cette société; mais on sait qu'il a le droit d'y être bien et d'aspirer à en être un jour un membre utile; il faut donc lui faire connoître ce qui est nécessaire et pour l'un et pour l'autre.

Au-dessus des Assemblées primaires s'élèvent, dans la hiérarchie administrative, celles de District, dont les fonctions (p.019) sont presque toutes préparatoires, et dont les membres se composent d'un petit nombre pris dans ces Assemblées primaires: de même aussi au-delà des premières écoles seront établies dans chaque District, des écoles moyennes ouvertes à tout le monde, mais destinées néanmoins, par la nature des choses, à un petit nombre seulement d'entre les élèves des écoles primaires. On sent en effet qu'au sortir de la première instruction, qui est la portion commune du patrimoine que la Société répartit à tous, le grand nombre, entraîné par la loi du besoin, doit prendre sa direction vers un état promptement productif; que ceux qui sont appellés par la nature à des professions mécaniques, s'empresseront, (sauf quelques exceptions) à retourner dans la maison paternelle, ou à se former dans des atteliers; et que ce seroit une véritable folie, une sorte de bienfaisance cruelle, de vouloir faire parcourir à tous, les divers dégrés d'une instruction inutile et par conséquent nuisible au plus grand nombre. Cette seconde instruction sera donc pour ceux qui, n'étant appellés, ni par goût, ni par besoin, à des occupations mécaniques, ou aux fonctions de l'agriculture, aspirent à d'autres professions, ou cherchent uniquement à cultiver, à orner leur raison et à donner à leurs facultés un plus grand développement. Là, n'est donc pas encore la dernière instruction: car le choix d'un état n'est point fait. Il s'agit seulement de s'y disposer; il s'agit de reconnoître, dans le développement prompt de celle des facultés qui semble distinguer chaque individu, l'indication du vœu de la nature pour le choix d'un état préférablement à tout autre. D'où il suit que cette instruction doit présenter un grand nombre d'objets, et néanmoins qu'aucun de ces objets ne doit être trop approfondi, puisque ce n'est encore là qu'un enseignement préparatoire. (p.020)

Enfin, dans l'échelle administrative se trouve placée au sommet l'administration de Département, et à ce degré d'administration doit correspondre le dernier degré de l'Instruction, qui est l'Instruction nécessaire aux divers états de la Société. Ces états sont en grand nombre; mais on doit ici les réduire beaucoup: car il ne faut un établissement national que pour ceux dont la pratique exige une longue théorie, et dans l'exercice desquels les erreurs seroient funestes à la Société. L'état de Ministre de la religion, celui d'Homme de loi, celui de Médecin, qui comprend l'état de Chirurgien, enfin, celui de Militaire: voilà les états qui présentent ce caractère. Ce dernier même semblerait d'abord pouvoir ne pas y être compris, par la raison que, dans plusieurs de ses parties, il peut être utilement exercé dès le jour même qu'on s'y destine, mais comme il y en a de très-multipliées qui demandent une instruction profonde; comme il importe au salut de tous que, dans l'art difficile d'employer et de diriger la force publique, nous ne soyons inférieurs à aucune autre Puissance; comme enfin, d'après nos principes constitutionnels chacun est appellé, à remplir des fonctions militaires, il nous a semblé qu'il étoit nécessaire de le comprendre aussi dans la classe des états auxquels la Société destinera des établissemens particuliers.

Par là répondront aux divers degrés de la hiérarchie administrative les différentes gradations de l'Instruction publique; et de même qu'au-delà de toutes les administrations, se trouve placé le premier organe de la Nation, le Corps législatif, investi de toute la force de la volonté publique; ainsi, tant pour le complément de l'Instruction, que pour le rapide avancement de la science, il existera dans le chef-lieu de l'Empire, et comme au faîte de toutes les Instructions, une École plus particulièrement nationale, (p.021) un Institut universel qui, s'enrichissant des lumières de toutes les parties de la France, présentera sans cesse la réunion des moyens les plus heureusement combinés pour l'enseignement des connoissances humaines et leur accroissement indéfini. Cet institut, placé dans la Capitale, cette patrie naturelle des arts, au milieu des grands modèles de tous les genres qui honorent la Nation, nous a paru correspondre, sous plus d'un rapport dans la hiérarchie instructive, au Corps législateur lui-même, non qu'il puisse jamais s'arroger le droit d'imposer des lois ou d'en surveiller l'exécution, mais parce que, se trouvant naturellement le centre d'une correspondance toujours renouvellée avec tous les Départemens, il est destiné, par la force des choses, à exercer une sorte d'empire, celui que donne une confiance toujours libre et toujours méritée; que, réunissant des moyens dont l'ensemble ne peut se trouver que là, il deviendra, par le privilège légitime de la supériorité, le propagateur des principes et le véritable législateur des méthodes; qu'à l'instar du Corps législatif, ses membres seront aussi l'élite des hommes instruits de toutes les parties de la France, et que les élèves eux-mêmes, dont la première éducation distinguée par des succès méritera d'être perfectionnée pour le plus grand bien de la Nation, étant choisis dans chaque Département pour être envoyés à cette École, ainsi qu'il sera expliqué ci-après, seront, en vertu d'un tel choix, comme les jeunes Députés, si non encore de la confiance, au moins de l'espérance nationale.

Cette hiérarchie ainsi exposée, il paroîtroit naturel de passer à l'indication des objets et des moyens d'instruction, pour chacun des degrés que nous venons de marquer; mais auparavant, il est une question à résoudre et sur laquelle les bons esprits eux-mêmes sont partagés; c'est celle qui regarde la gratuité de l'Instruction. (p.022)

Il doit exister une Instruction gratuite: le principe est incontestable; mais jusqu'à quel point doit-elle être gratuite? sur quels objets seulement doit-elle l'être? quelles sont, en un mot, les limites de ce grand bienfait de la Société envers ses membres?

Quelque difficulté semble d'abord obscurcir cette question. D'une part, lorsqu'on réfléchit sur l'organisation sociale et sur la nature des dépenses publiques, on ne se fait pas tout de suite à l'idée qu'une Nation puisse donner gratuitement à ses membres, puisque, n'existant que par eux, elle n'a rien qu'elle ne tienne d'eux. D'autre part, le Trésor national ne se composant que des contributions dont le prélèvement est toujours douloureux aux individus, on se sent naturellement porté à vouloir en restreindre l'emploi, et l'on regarde comme une conquête tout ce qu'on s'abstient de payer au nom de la Société.

Des réflexions simples fixeront sur ce point les idées.

Qu'on ne perde pas de vue qu'une Société quelconque, par cela même qu'elle existe, est soumise à des dépenses générales, ne fut-ce que pour les frais indispensables de toute association: de-là résulte la nécessité de former un fonds à l'aide des contributions particulières.

De l'emploi de ce fonds naissent, dans une Société bien ordonnée, par un effet de la distribution et de la séparation des travaux publics, d'incalculables avantages pour chaque individu, acquis à peu de frais par chacun d'eux.

Ou plutôt la contribution, qui semble d'abord être une atteinte à la propriété, est, sous un bon régime, un principe réel d'accroissement pour toutes les propriétés individuelles.

Car chacun reçoit en retour le bienfait inestimable de la protection sociale qui multiplie pour lui les moyens, et par conséquent les propriétés: et de plus, délivré d'une foule de (p.023) travaux auxquels il n'auroit pu se soustraire, il acquiert la faculté de se livrer, autant qu'il le désire, à ceux qu'il s'impose lui-même, et par-là de les rendre aussi productifs qu'ils peuvent l'être.

C'est donc à juste titre que la Société est dite accorder gratuitement un bienfait, lorsque, par le secours de contributions justement établies et impartialement réparties, elle en fait jouir tous ses membres, sans qu'ils soient tenus d'aucune dépense nouvelle.

Reste à déterminer seulement dans quel cas et sur quel principe elle doit appliquer ainsi une partie des contributions; car, sans approfondir la théorie de l'impôt, on sent qu'il doit y avoir un terme, passé lequel, les contributions seroient un fardeau dont aucun emploi ne pourroit ni justifier, ni compenser l'énormité. On sent aussi que la Société, considérée en corps, ne peut ni tout faire, ni tout ordonner, ni tout payer, puisque, s'étant formée principalement pour assurer et étendre la liberté individuelle, elle doit habituellement laisser agir plutôt que faire elle-même.

Il est certain qu'elle doit d'abord payer ce qui est nécessaire pour la défendre et la gouverner, puisqu'avant tout, elle doit pourvoir à son existence.

Il ne l'est pas moins qu'elle doit payer ce qu'exigent les diverses fins pour lesquelles elle existe, par conséquent ce qui est nécessaire pour assurer à chacun sa liberté et sa propriété; pour écarter des associés une foule de maux auxquels ils seroient sans cesse exposés hors de l'état de société; enfin, pour les faire jouir des biens publics qui doivent naître d'une bonne association: car voilà les trois fins pour lesquelles toute Société s'est formée; et, comme il est évident que l'Instruction tiendra toujours un des premiers rangs parmi ces biens, il faut conclure que la Société doit aussi payer tout ce qui (p.024) est nécessaire pour que l'Instruction parvienne à chacun de ses membres.

Mais s'en suit-il de-là que toute espèce d'Instruction doive être accordée gratuitement à chaque individu? Non.

La seule que la Société doive avec la plus entière gratuité, est celle qui est essentiellement commune à tous, parce qu'elle est nécessaire à tous. Le simple énoncé de cette proposition en renferme la preuve: car il est évident que c'est dans le trésor commun que doit être prise la dépense nécessaire pour un bien commun; or l'Instruction primaire est absolument et rigoureusement commune à tous, puisqu'elle doit comprendre les élémens de ce qui est indispensable, quelqu'état que l'on embrasse. D'ailleurs, son but principal est d'apprendre aux enfans à devenir un jour des citoyens. Elle les initie en quelque sorte dans la Société, en leur montrant les principales lois qui la gouvernent, les premiers moyens pour y exister: or n'est-il pas juste qu'on fasse connoître à tous gratuitement ce que l'on doit regarder comme les conditions mêmes de l'association dans laquelle on les invite d'entrer? Cette première instruction nous a donc paru une dette rigoureuse de la Société envers tous. Il faut qu'elle l'acquitte sans aucune restriction.

Quant aux diverses parties d'Instruction qui seront enseignées dans les Écoles de District et de Département, ou dans l'Institut, comme elles ne sont point en ce sens communes à tous, quoiqu'elles soient accessibles à tous, la Société n'en doit nullement l'application gratuite à ceux qui librement voudront les apprendre. Il est bien vrai que, puisqu'il doit en résulter un grand avantage pour la Société, elle doit pourvoir à ce qu'elles existent. Elle doit par conséquent se charger envers les Instituteurs de la part rigoureusement nécessaire de leur traitement, en sorte, que dans aucun cas, (p.025) leur existence et le sort de l'établissement ne puissent être compromis; elle doit organisation, protection, même secours à ces divers établissemens: elle doit faire, en un mot, tout ce qui sera nécessaire pour que l'enseignement y soit bon, qu'il s'y perpétue et qu'il s'y perfectionne; mais comme ceux qui fréquenteront ces Écoles, en recueilleront aussi un avantage très-réel, il est parfaitement juste qu'ils supportent une partie des frais, et que ce soit eux qui ajoutent à l'existence de leurs Instituteurs les moyens d'aisance qui allégeront leurs travaux, et qui s'accroîtront par la confiance qu'ils auront inspirée. Il ne conviendroit, sous aucun rapport, que la Société s'imposât la loi de donner pour rien les moyens de parvenir à des états qui, en proportion du succès, doivent être très-productifs pour celui qui les embrasse.

A ces motifs de raison et de justice s'unissent de grands motifs de convenance. On a pu mille fois remarquer que, parmi la foule d'Élèves que la vanité des parens jettoit inconsidérément dans nos anciennes Écoles ouvertes gratuitement à tout le monde, un grand nombre, parvenus à la fin des études qu'on y cultivoit, n'en étoient pas plus propres aux divers états dont elles étoient les préliminaires, et qu'ils n'y avoient gagné qu'un dégoût insurmontable pour les professions honorables et dédaignées auxquelles la nature les avoient appellés; de telle sorte qu'ils devenoient des êtres très-embarrassans dans la Société. Maintenant qu'il y aura une rétribution quelconque à donner, qui stimulera à-la-fois le Professeur et l'élève, il est clair que les parens ne seront plus tentés d'être les victimes d'une vanité mal entendue, et que par-là l'agriculture et les métiers, dont un sot orgueil éloignoit sans cesse, reprendront et conserveront tous ceux qui sont véritablement destinés à les cultiver.

Mais si la Nation n'est point obligée, si même elle n'a pas (p.026) le droit de s'imposer de telles avances, il est une exception honorable qu'elle est tenue de consacrer: c'est celle que la nature elle-même semble avoir faite en accordant le talent. Destiné à être un jour le bienfaiteur de la Société, il faut que, par une reconnoissance anticipée, il soit encouragé par elle; qu'elle le soigne, qu'elle écarte d'autour de lui tout ce qui pourroit arrêter ou retarder sa marche; il faut que, quelque part qu'il existe, il puisse librement parcourir tous les degrés de l'Instruction; que l'Élève des Écoles primaires qui a manifesté des dispositions précieuses qui l'appellent à l'École supérieure, y parvienne aux dépens de la Société, s'il est pauvre; que de l'École de District, lorsqu'il s'y distinguera, il puisse s'élever sans obstacle, et encore à titre de récompense à l'École plus savante du Département, et ainsi de degré en degré et par un choix toujours plus sévère, jusqu'à l'Institut national.

Par-là aucun talent véritable ne se trouvera perdu ni négligé, et la Société aura entièrement acquitté sa dette. Mais on sent qu'un tel bienfait ne doit pas être prodigué, soit parce qu'il est pris sur la fortune publique dont on doit se montrer avare, soit aussi parce qu'il est dangereux de trop encourager les demi-talens.

Ainsi, la gratuité de l'Instruction s'étendra jusqu'où elle doit s'étendre: elle aura pourtant encore des bornes; mais ces bornes sont indiquées par la raison: il étoit nécessaire de les poser.

Toute la question sur l'Instruction gratuite se résume donc en fort peu de mots.

Il est une Instruction absolument nécessaire à tous. La Société la doit à tous: non-seulement elle en doit les moyens, elle doit aussi l'application de ces moyens.

Il est une instruction qui, sans être nécessaire à tous, est pourtant nécessaire dans la Société en même-temps qu'elle (p.027) est utile à ceux qui la possèdent. La Société doit en assurer les moyens; mais c'est aussi aux individus qui en profitent, à prendre sur eux une partie des frais de l'application.

Il est enfin une Instruction qui, étant nécessaire dans la Société, paroît lui devoir être beaucoup plus profitable, si elle parvient à certains individus qui annoncent des dispositions particulières. La Société, pour son intérêt autant que pour sa gloire, doit donc à ces individus, non pas seulement l'existence des moyens d'Instruction, mais encore tout ce qu'il faut pour qu'ils puissent en faire usage.

Ces principes une fois posés, leur vérité sentie, leur nécessité reconnue, il faut passer à l'application, et organiser ces Institutions diverses que nous n'avons fait qu'indiquer. Cette organisation doit comprendre à-la-fois et les objets et les moyens d'Instruction pour chacune d'elles; ce qui est nécessaire pour qu'elles existent, pour qu'elles soient utiles, pour qu'elles se perpétuent, pour qu'elles s'améliorent.

Avant d'entrer dans l'organisation des établissemens d'instruction, j'observe qu'il ne sera point nécessaire, que peut-être même, à raison de l'insuffisance des moyens dans quelques Départemens, il seroit dangereux que cette organisation, prise dans son ensemble, s'établit tout-à-coup dans tout le Royaume; car c'est sur-tout en matière d'instruction qu'il faut que chaque établissement soit provoqué par le besoin, par l'opinion, par la confiance. Il faut que tout arrive, mais que tout arrive à temps.

J'observe aussi que des inégalités inévitables entre les Départemens doivent rompre, dans quelques points, cette uniformité (p.028) de plan que nous avons tracée: ainsi, lorsqu'au jugement de l'Administration supérieure du lieu, on ne pourra dans un Département, dans un District, et même dans un canton, réunir le nombre d'Instituteurs nécessaires, ou que d'autres localités présenteront des obstacles à la formation d'un établissement d'instruction, il faudra, pour que tout marche, pour que sur-tout il n'y ait point de lacune dans l'instruction publique, que chacune de ces sections puisse s'associer à une section correspondante pour le genre d'enseignement qui lui est attribué. De-là résulteront de nouveaux liens entre tous les Départemens du Royaume et entre toutes les subdivisions de chaque Département. Ce que nous présentons ici aux différens Départemens est donc moins ce qu'ils sont tenus de faire aujourd'hui, que ce qu'ils doivent préparer, que ce qu'ils doivent commencer aussitôt qu'ils en auront rassemblé les moyens.

Nous nous sommes assurés que Paris étoit en état, avoit même besoin de recevoir toutes ces institutions nouvelles; il est instant de les y établir, afin que toutes les parties du Royaume voyent promptement en activité un modèle dont chacun, suivant sa localité, pourra se rapprocher. En vous présentant un plan général d'organisation, il a donc été naturel, presque nécessaire, que nous en fissions l'application directe à ce Département.

Ces observations par lesquelles nous nous sommes interrompus, en quelque sorte, nous-mêmes, mais qu'il étoit peut-être indispensable de faire, nous ramènent avec plus de sécurité au développement de nos idées. (p.029)

ÉCOLES PRIMAIRES.

Jusqu'à l'âge de six à sept ans, l'Instruction publique ne peut guère atteindre l'enfance: ses facultés sont trop foibles, trop peu développées: elles demandent des soins trop particuliers, trop exclusifs. Jusqu'alors il a fallu la nourrir, la soigner, la fortifier, la rendre heureuse: c'est le devoir des mères. L'Assemblée Nationale, loin de contrarier en cela le vœu de la nature, le respectera, au point de s'interdire toute Loi à cet égard: elle pensera qu'il suffit de les rappeler à ces fonctions touchantes par le sentiment même de leur bonheur, et de consacrer, par le plus éclatant suffrage, les immortelles leçons que leur a données l'Auteur d'Émile.

Mais à-peu-près vers l'âge de sept ans, un enfant pourra être admis aux Écoles primaires. Nous disons admis, pour écarter toute idée de contrainte. La Nation offre à tous le grand bienfait, de l'Instruction; mais elle ne l'impose à personne. Elle sait que chaque famille est aussi une École primaire, dont le père est le chef; que ses instructions, si elles sont moins énergiques, sont aussi plus persuasives, plus pénétrantes; qu'une tendresse active peut souvent suppléer à des moyens dont l'ensemble n'existe que dans une instruction commune: elle pense, elle espère que les vrais principes pénétreront insensiblement, de ces nombreuses institutions, dans le sein des familles, et en banniront les préjugés de tout genre qui corrompent l'éducation domestique: elle respectera donc des éternelles convenances de la Nature qui, mettant sous la sauve-garde de la tendresse paternelle le bonheur des enfans, laisse au père le soin de prononcer sur ce qui leur importe davantage jusqu'au moment où, soumis à des devoirs personnels, (p.030) ils ont le droit de se décider eux-mêmes. Elle se défendra des erreurs de cette République austère qui, pour établir une éducation strictement nationale, osa d'abord ravir le titre de Citoyen à la majorité de ses Habitans, qu'elle réduisit à la plus monstrueuse servitude, et se vit ensuite obligée de briser tous les liens des familles, tous les droits de la paternité, par des Lois contre lesquelles s'est soulevée dans tous les temps la voix de la nature; elle saura atteindre au même but, mais par des voies légitimes; elle apprendra, elle inculquera de bonne heure aux enfans qu'ils ne sont pas destinés à vivre uniquement pour eux; que bientôt ils vont faire partie intégrante d'un tout auquel ils doivent leurs sentimens et souvent leurs volontés; et qu'un intérêt qui n'est qu'individuel, par-là même qu'il isole l'homme, le dégrade et détruit pour lui tout droit aux avantages que dispense la société: enfin elle se contentera d'inviter les parens, au nom de l'intérêt public, à envoyer leurs enfans à l'instruction commune, comme à la source des plus pures leçons, et au véritable apprentissage de la vie sociale.

Cette instruction première, nous l'avons dit, est la dette véritable de la Société envers ses Membres; elle doit donc comprendre des documens généraux, nécessaires à tous, et dont l'ensemble puisse être regardé comme l'introduction de l'enfance dans la Société. Ce caractère nous a paru désigner les objets suivans.

1°. Les principes de la langue nationale, soit parlée, soit écrite: car le premier besoin social est la communication des idées et des sentimens. Les règles élémentaires du calcul seront placées presque au même rang, puisque le calcul est aussi une langue abrégée dont les rapports inévitables de la Société rendent à tous l'usage nécessaire. Il y faut joindre celles du toisé qui est l'application du calcul à la mesure des héritages et des bâtimens, objets de l'intérêt journalier des Citoyens, et par rapport auxquels des lumières générales peuvent prévenir (p.031) ou terminer la plupart des contestations qui les divisent.

2°. Les élémens de la Religion: car si c'est un malheur de l'ignorer, c'en est un plus grand peut-être de la mal connoître.

3°. Les principes de la morale: car elle est à la fois, et pour tous, le bonheur de l'âme, le supplément nécessaire des Lois, et la caution véritable des hommes réunis par le besoin, et trop souvent divisés par l'intérêt.

4°. Les principes de la Constitution: car on ne peut trop-tôt faire connoître et, trop-tôt faire apprécier cette Constitution sous laquelle on doit vivre, et que bientôt on doit jurer de défendre au péril de sa vie.

5°. Ce que demandent à cet âge les facultés physiques, intellectuelles et morales.—Physiques, c'est-à-dire, des leçons ou plutôt des exercices propres à conserver, à fortifier, à développer le corps, et à le disposer pour l'avenir à quelque travail mécanique. Il faut, de bonne heure, leur apprendre quelques principes du dessin, de l'arpentage; leur donner le coup-d'œil juste, la main sûre, les habitudes promptes: car ce sont là des élémens pour tous les métiers, et des moyens d'économiser le temps: tout cela est donc nécessaire, tout cela l'est pour tous, et l'on ne peut trop faire sentir aux enfans, quels qu'ils soient, que le travail est le principe de toute chose; que nul n'est tenu de travailler pour un autre, et qu'on n'est complettement libre qu'autant qu'on ne dépend pas d'autrui pour subsister.— Intellectuelles. Nous avons vu plus haut qu'on les avoit divisées en trois; la raison, la mémoire, l' imagination. Ce n'est pas encore le moment d'exercer cette dernière faculté: car elle est presque nulle dans l'enfance; elle tient à une sensibilité qui n'est pas de cet âge, et elle a besoin, pour exister, d'une réunion d'idées, de sensations, de souvenirs qui supposent quelque expérience dans la vie; mais il est nécessaire d'offrir à leur raison, non les hautes sciences qui la fatigueroient sans l'éclairer, mais la clef de (p.032) toutes les sciences, c'est-à-dire, une logique pour leur âge; car il en est une. Leur raison n'est pas forte; mais elle est pure; mais elle est libre; ils ne voyent pas loin; mais ils voyent communément juste; ils voyent du moins ce qui est, en attendant qu'on leur montre ce qui doit être, et l'on est souvent étonné de tout le raisonnement qu'ils mettent dans ce qui les intéresse. La logique est bien plus à leur portée que la métaphysique des langues que néanmoins on se tourmente à leur faire entendre: et enfin il est parfaitement constitutionnel de leur apprendre de bonne heure qu'ils sont destinés à obéir à la raison, à la Loi, mais à n'obéir qu'à elles. — Il faut offrir à leur mémoire la partie des connoissances élémentaires, soit géographiques, soit historiques, soit botaniques, qui leur feront aimer davantage la patrie et chérir le lieu qui les a vu naître. Il en est d'autres qui, sans doute, orneroient leur mémoire, mais qu'on doit regarder comme une sorte de luxe pour le grand nombre; et il faut ici se renfermer dans le strict nécessaire: or quoi de plus nécessaire aux yeux de la Société que les connoissances qui attachent de plus en plus à cette Société? Il est d'ailleurs indispensable de cultiver cette faculté des enfans, et parce que c'est celle qui amasse des matériaux pour la raison, et parce qu'elle ne peut être exercée avec succès que dans cet âge. — Enfin, les facultés morales. On ne peut ici rien déterminer; mais on sent que c'est avec un soin particulier, avec une attention délicate et continue, qu'on doit éveiller et entretenir, particulièrement dans l'enfance et dans tous les instans, ce sens précieux qui fait trouver un charme au bien que l'on fait, à celui que l'on voit faire, et qui imprime l'honnêteté dans l'âme par l'attrait même du plaisir.

Tels sont les divers points d'instruction qui seront enseignés dans les Écoles primaires. Que si le grand nombre des Élèves est tenu de s'arrêter à cette première instruction; si les travaux (p.033) de l'agriculture et des arts appellent tel individu à d'autres leçons, du moins il aura appris ce qu'il lui sera éternellement nécessaire de savoir; son corps se sera utilement préparé au travail; son esprit aura acquis des idées saines, des connoissances premières, dont la trace ne s'effacera pas; son âme aura reçu, avec le germe des sentimens honnêtes, des actions vertueuses, ce qui doit servir à le développer; enfin, il sera désormais en état de s'approprier, par la réflexion, les inépuisables leçons qui vont découler de la seule existence du nouvel ordre des choses, comme aussi de tourner à son profit les institutions publiques dont il sera parlé bientôt, et qui seront le grand complément de l'instruction nationale.

ÉCOLES DE DISTRICT.

Les Écoles de District sont placées comme intermédiaires entre celles dont l'objet est nécessaire à tous, et les Écoles dont l'enseignement complet regarde uniquement ceux qui sont destinés à un des quatre états auxquels la Société consacre des établissemens particuliers.

Le but de ces Écoles est de donner aux facultés individuelles un plus grand développement, et de disposer de loin à toutes les fonctions utiles de la Société. Or ce double objet, qui intéresse si directement le bien particulier et l'avantage commun, se trouvera rempli par une instruction ordonnée de telle sorte, qu'elle ne sera que la suite et comme la progression naturelle de l'Instruction des Écoles primaires.

Ainsi, aux principes de la langue nationale succéderont, dans les Écoles de District, une théorie plus approfondie de l'art d'écrire et la connoissance de celles des langues anciennes (p.034) qui conservent le plus de richesses pour l'esprit humain. On ajoutera, dans plusieurs de ces Écoles, l'enseignement d'une des langues vivantes que les relations locales ou nationales sembleront recommander davantage.

Aux simples élémens de la Religion, on joindra l'histoire de cette Religion et l'exposé des titres d'après lesquels elle commande la croyance.

Aux principes de la morale, dont l'application est si bonne dans le premier âge de la vie, le développement de la morale dans ses applications privées et publiques.

Aux principes de la Constitution, qui ne peuvent être qu'indiqués à des enfans, une exposition développée de la déclaration des droits et de l'organisation des divers pouvoirs.

Quant à ce qui concerne plus directement encore les facultés, un plus parfait développement leur sera donné de la manière suivante.

Facultés physiques. Au lieu des exercices de l'enfance, qui ne sont pour la plupart que des jeux, des exercices qui supposent et donnent à-la-fois de la force et de l'agilité, tels que la natation, l'escrime, l'équitation, et même la danse.

Intellectuelles. Au lieu d'une logique élémentaire et accommodée aux forces de l'esprit du premier âge, l'art du raisonnement dans toutes ses parties, avec l'indication des principales sources de nos erreurs. On offrira aussi la raison des Élèves les élémens des mathématiques, dont la méthode est le plus parfait modèle de l'art de raisonner; ceux de la physique qui, dans plusieurs de ses parties, est si étroitement liée aux mathématiques, et les premiers élémens de la chimie, qui sont reconnus maintenant pour être les véritables principes de la physique. — On offrira à leur mémoire, l'histoire des Peuples libres, l'histoire de France, ou plutôt des François, quand il en existera une, et des modèles de tout genre, soit parmi les anciens, soit parmi les modernes; mais en l'exerçant, (p.035) en l'enrichissant, on se gardera de la fatiguer; car, à son tour, elle fatigueroit l'esprit et pourroit nuire au développement naturel des idées. — On offrira à leur imagination les règles et sur-tout les beautés de l'éloquence et de la poësie; les élémens de la musique et de la peinture; en un mot, le principe de ce qui l'émeut avec le plus de charme et de puissance.

Morales. Il est clair que ces facultés seront bien plus utilement exercées, bien plus facilement développées à l'âge où les sentimens commencent à se raisonner; car c'est à cette époque, sur-tout, que tous les moyens d'imprimer l'honnêteté ont une action forte sur l'homme. Mais il faudra que, par d'utiles institutions, cet exercice soit pratiqué entre les Élèves, de telle sorte que les rapports qui constituent la morale, deviennent des rapports réels qui s'étendent à leurs yeux, et s'agrandissent chaque jour davantage.

Ces divers points d'instruction vont se réaliser par un enseignement dont le plan s'écartera nécessairement de l'ancien.

Un des changemens principaux dans la distribution consistera à diviser en cours ce qui étoit divisé en classes; car la division par classe ne répond à rien, morcelle l'enseignement, asservit, tous les ans et pour le même objet, à des méthodes disparates, et par-là jette de la confusion dans la tête des jeunes gens. La division par cours est naturelle: elle sépare ce qui doit être séparé: elle circonscrit chacune des parties de l'enseignement: elle attache davantage le Maître à son Élève, et établit une sorte de responsabilité qui devient le garant du zèle des Instituteurs.

Nous graduerons, nous ordonnerons ces cours en raison de l'âge, et nous nous appliquerons à suivre dans leur distribution le progrès naturel des idées et des sensations de l'enfance. C'est cet ordre nécessaire que nous avons tâché d'indiquer.

Cette indication annonce suffisamment que l'Instruction des (p.036) Districts, dès qu'elle sera organisée, atteindra le but auquel elle est destinée, celui de parler à toutes les facultés, et d'éclairer de bonne heure toutes les routes de la vie, de telle sorte que chaque Élève reconnoisse d'une manière sûre à quelle fin la nature l'appelle; car, s'il n'est aucun de ces documens généraux qu'on puisse dire étranger à un état quelconque, si même quelques-uns d'entre eux sont nécessaires à tous, il n'est pas moins sensible à la réflexion que chacun d'eux dispose plus naturellement à un état qu'à un autre, et qu'ensemble ils doivent être regardés comme le premier apprentissage de tous les divers états.

Jusqu'à présent nous n'avons présenté qu'un simple apperçu sur les deux premières Écoles. L'ordre de notre travail nous amènera bientôt au développement pratique des moyens dont la plupart sont applicables à toutes. Auparavant il faut connoître la division des objets qui formeront l'enseignement de la troisième.

ÉCOLES DE DÉPARTEMENT.

Chaque chef-lieu de Département contiendra d'abord l'École de District, puisqu'il offrira le même enseignement; mais il comprendra de plus, quoiqu'avec des différences sensibles, les Écoles nommées Écoles de Département, pour les états auxquels la Société réserve des moyens particuliers d'instruction.

Nous annonçons des différences, parce qu'il est impossible, comme je l'ai déjà observé, que par-tout, et sur-tout dans les commencemens, l'enseignement soit également complet, (p.037) et que le bien public exigera qu'à l'égard de certains états, plusieurs Départemens s'associent pour un même enseignement; mais alors même la hiérarchie sera conservée, et chacun des Départemens concourra du moins à former des Écoles pour le dernier degré de l'instruction.

ÉCOLES

POUR LES MINISTRES DE LA RELIGION.

L'état de Ministre de la Religion est un de ceux auxquels la Nation destine des établissemens particuliers.

Celui où les Élèves trouveront l'instruction qui leur est nécessaire, sera placé, ainsi que vous l'avez ordonné, près de l'Église Cathédrale, et sous les yeux de l'Évêque. Nous n'en déterminons pas le nombre. Chaque Département aura le droit de se réunir en tout temps pour cette partie d'instruction à un Département voisin.

Quant à l'enseignement, il convient qu'il soit divisé de la manière suivante.

1°. Les titres fondamentaux de la Religion Catholique, qu'on sera tenu de puiser dans leur source.

2°. L'exposition raisonnée des divers articles que doit comprendre explicitement la croyance de chaque Fidèle.

3°. Le développement de la morale de l'Évangile.

4°. Les lois particulières aux Ministres du Culte Catholique.

5°. Les principes ainsi que les objets habituels de la Prédication.

6°. Les détails qui appartiennent à un Ministère de consolation et de paix, soit dans l'administration des Sacremens, soit dans le gouvernement des Paroisses. (p.038)

En circonscrivant ainsi cet enseignement, vous usez d'un droit incontestable, celui de renfermer tous les genres de pouvoirs dans leurs véritables limites.

Je vais parcourir ces divers points d'instruction.—Qu'on ne s'étonne pas de trouver ici un langage qui ne peut être familier: c'est avec la sévérité et l'exactitude de ses propres expressions qu'un tel sujet doit être traité.

1°. C'est un principe catholique que la croyance est un don de Dieu; mais ce seroit étrangement abuser de ce principe que d'en conclure que la raison doit se regarder comme étrangère à l'étude de la religion: car elle est aussi un présent de la Divinité et le premier guide qui nous a été accordé par elle pour nous conduire dans nos recherches; et c'est à vous, sur-tout, qu'il appartient de la rétablir dans ses droits: or si, suivant les principes de la Religion catholique, la raison individuelle n'a pas le droit de se constituer juge de chaque article isolé de la foi, et sur-tout de pénétrer ses incompréhensibles mystères, il est non moins incontestable que c'est à la raison qu'il appartient de reconnoître les titres primordiaux de la Religion, les caractères distinctifs de l'Église: mais ces titres, ces caractères doivent nécessairement se trouver et dans le code de la révélation, et dans les monumens des premiers siècles de la Religion: la raison doit donc les chercher là comme à leur source. Que si chaque fidèle, pour être en état de rendre à la Religion cet hommage raisonnable qui seul est digne d'elle, doit examiner attentivement les titres de sa croyance, combien plus y est obligé le Ministre de la Religion, qui doit toujours être prêt à les opposer au doute ou à l'erreur? Cette partie de la théologie, qui en est en quelque sorte la partie philosophique, doit donc être complettement enseignée dans les Écoles où se formeront les Élèves du Sacerdoce, en même temps que les bons esprits travailleront à la perfectionner et (p.039) à l'épurer par une grande sévérité dans le choix des preuves car, on l'a dit souvent, les mauvaises preuves en faveur de la Religion ont plus nui à la croyance publique que les plus fortes objections par lesquelles on s'est efforcé de la combattre.

2°. Dès que les titres de la Religion sont reconnus, que le fondement de la foi catholique repose sur une révélation divine, et qu'il est de principe que les points révélés nous sont transmis par une autorité toujours visible, il devient plus qu'inutile de se rengager dans des discussions interminables qui étoient l'aliment de l'ancienne théologie, et qui semblent remettre sans cesse en problème ce qui est déjà décidé. Il ne s'agit plus que de bien connoître ces objets révélés pour les présenter aux Peuples de la manière la plus propre à être saisie par leur intelligence. Une exposition raisonnée est donc tout ce qu'il faut pour le grand nombre des Ministres chargés de cette fonction. Peut-être même seroit-elle plus qu'il ne faut, si elle embrassoit l'universalité des points décidés; car, si l'Église catholique, dépositaire de la tradition, a dû s'élever, à diverses époques, contre toute altération du dogme ou de la morale évangélique; si ses décisions se sont multipliées avec les erreurs, il n'est pas moins vrai que le dépôt de la révélation n'a pas dû se grossir en traversant les siècles, et que les fidèles de nos jours ne sont pas tenus de croire davantage que ceux de l'Église des premiers siècles. L'exposition des points révélés, qui doit être enseignée à tout Élève du Sacerdoce, pour qu'il l'enseigne à son tour, peut donc être réduite à ce qu'il étoit nécessaire à tout chrétien de croire et de professer avant la naissance des hérésies; c'est-à-dire, à ce qui constitue la pratique journalière de la Religion. Chacun pourra sans doute, à son gré, étendre plus loin et ses recherches et ses études particulières: il lui sera libre de parcourir, s'il le veut, tous les canaux de la tradition, de (p.040) charger son esprit ou sa mémoire des longs débats de la théologie, et de s'armer contre les plus anciennes erreurs de tous les argumens employés pour les combattre; mais aussi la Nation, qui retrouve, à chaque page de son histoire, la trace profonde des maux qu'ont enfantés tant de querelles religieuses, a le droit non moins incontestable de chercher à s'en défendre pour l'avenir, en écartant de l'enseignement public qu'elle protège, tout ce qui n'est pas indispensable à un Ministre de la Religion. La théologie d'ailleurs ne doit point être regardée comme une Science. Les Sciences sont susceptibles de progrès, d'expériences, de découvertes: la théologie, qui ne peut être que la connoissance de la Religion, est étrangère à tout cela; immuable comme elle, elle est comme elle ennemie de toute innovation. Il faut qu'elle soit aujourd'hui ce qu'elle étoit d'abord. On doit donc s'occuper, non pas à l'étendre, mais à la fixer, mais à la renfermer dans ses limites, que trop souvent d'ambitieuses subtilités s'efforcèrent de lui faire franchir dans des siècles d'ignorance. L'Assemblée Nationale, en même-temps qu'elle encourage les progrès des Sciences et les inventions de l'esprit humain, doit donc, par le même principe, s'opposer à toute extension de la théologie, à toute invasion des Théologiens: car, puisque la Religion commande à la pensée, c'est-à-dire, à ce qu'il y a de plus libre en nous, il est du devoir des fondateurs de la liberté publique de retirer de l'enseignement religieux, et tout ce qu'il est permis de ne pas croire, et tout ce qu'on a le droit d'ignorer. Concluons que l'Assemblée Nationale doit enjoindre à tous les Évêques, comme étant les premiers surveillans de la doctrine religieuse, de travailler avec leur conseil à réduire les objets dogmatiques, qui entreront dorénavant dans l'enseignement public des Ministres du culte, aux seuls points indispensables à l'instruction des (p.041) fidèles, par conséquent à en bannir et les vaines opinions qui divisent les esprits, et les discussions oiseuses sur des articles dès long-temps décidés, et même aussi un développement trop étendu de ceux de ces articles qui ne font point partie essentielle de l'instruction des Peuples; de telle sorte que, du concours de ces travaux épuratoires, résulte enfin un enseignement complet, uniforme et réduit à ses véritables bornes.

3°. La morale évangélique est le plus beau présent que la Divinité ait fait aux hommes: c'est un hommage que la Nation françoise s'honore de lui rendre. On ne peut donc trop pénétrer de ses bienfaisantes maximes les Ministres de la Religion, pour qu'ils en nourrissent les Peuples qui leur seront confiés. Les principes de la morale naturelle leur auront été développés dans les Écoles précédentes: ils en seront d'autant plus disposés à en goûter la perfection dans l'évangile; car c'est-là qu'elle existe avec toute la force d'une sanction qui lui donne sur les âmes une puissance surnaturelle. L'Assemblée Nationale ne dictera point ici les règles d'un tel enseignement, quoiqu'elle ait le droit de s'affliger des vices des anciennes méthodes où l'onction évangélique disparoissoit sous la sécheresse des discussions: elle se borne à recommander cette réforme au nouveau clergé qui s'élève de toutes parts. Cependant, comme il lui appartient de reconnoître ce qui importe le plus au bien général de la Nation, elle peut et sans doute aussi elle doit ordonner que l'on s'attache sur-tout à enseigner aux Élèves du Sacerdoce la partie de la morale évangélique qui consacre en termes si énergiques la parfaite égalité des hommes, et cette indulgence religieuse que les philosophes eux-mêmes n'osoient appeler que tolérance, mais qui doit être un sentiment bien plus pur, bien plus fraternel, bien plus respectueux pour le malheur. (p.042)

4°. Les lois sur l'organisation du Clergé forment tout le droit canonique. C'est-là que tout Ministre de la Religion doit s'instruire de ses droits, d'une partie de ses devoirs et de ses rapports avec la nouvelle organisation sociale. Ces lois nouvelles doivent donc faire partie essentielle des études ecclésiastiques.

5°. La prédication est une des fonctions ecclésiastiques qui appelle le plus l'attention des Législateurs. Il faut que, ramenée à son but, qui est de rendre les hommes meilleurs par les motifs que la Religion consacre, elle devienne ce qu'elle doit être; mais il faut aussi qu'elle ne puisse pas abuser de son influence, et que d'invincibles barrières s'opposent à ses écarts. Le premier objet sera le fruit de l'instruction; le second doit être l'ouvrage des lois. Jusqu'à ce jour les Écoles les plus célèbres n'étoient que des arènes dogmatiques: on y apprenoit longuement à devenir de vains et dangereux disputeurs; on dédaignoit d'y apprendre à être d'utiles propagateurs de la morale de l'évangile. Cela ne doit plus subsister. Les nouveaux Instituteurs des Écoles ecclésiastiques seront obligés de montrer à leurs Élèves les principes, les sources, les modèles, les objets, comme aussi l'extrême importance de la prédication; ils auront le courage d'enseigner avec persévérance ce qui est bon, ce qui est utile, et de n'enseigner que cela. Mais l'Assemblée Nationale ne peut borner là sa sollicitude: elle sait que la prédication est un des grands moyens que le fanatisme de tous les temps employa pour égarer les Peuples; elle la regarde comme une sorte de puissance, toujours redoutable, lorsqu'elle n'est pas bienfaisante; et dont par conséquent il importe de régler et de circonscrire l'action. Cet objet sera rempli, autant qu'il peut l'être, lorsque l'Assemblée Nationale aura déclaré que toute atteinte portée au respect dû à la loi dans l'exercice de cette fonction, sera mise au rang des plus graves délits. Et cela (p.043) doit être; car quoi de plus criminel aux yeux d'une Nation, qu'un Fonctionnaire qui se sert de ce qu'il y a de plus saint pour exciter les Peuples à désobéir à ses lois.

6°. Dans le régime journalier des paroisses, dans l'administration des sacremens, il est une foule de détails qui échappent à l'indifférence, mais qui sont précieux à la piété. C'est par eux sur-tout que les Pasteurs se concilient cette tendre vénération, qui est la plus douce récompense de leur ministère. Il faut que rien de ce qui est propre à adoucir les souffrances, à consoler les malheureux, à prévenir les dissentions, à calmer les haines, soit étranger à un Ministre de la Religion; car ce sont des fonctions bien dignes d'elle. Ainsi, les règles de l'arpentage et du toisé, plus développées que dans les Écoles primaires, la connoissance des simples, quelques principes d'hygiène et quelques-uns de droit, etc. nous paroissent devoir faire dorénavant partie de l'instruction ecclésiastique. Il faut que la Religion, que les Peuples confondent si facilement avec ses interprètes, se montre toujours à eux ce qu'elle est véritablement, l'ouvrage sublime de la bonté divine; et en la voyant toujours attentive à leur bonheur, toujours consolatrice dans leurs peines, ils aimeront à en bénir l'Auteur, et à l'honorer par l'hommage et la pratique de toutes les vertus.

ÉCOLES DE MÉDECINE.

La Médecine vous demande aussi un établissement particulier.

C'est après avoir combiné ensemble les rapports de cette belle partie de la Physique avec l'homme, et les vices des anciennes (p.044) méthodes d'enseignemens, et les vues particulières qui nous ont été communiquées par des hommes célèbres, que nous vous proposons avec confiance de régler l'enseignement de cette science, d'après les principes suivans.

D'abord les Écoles seront par-tout organisées de la même manière: dans toutes, on enseignera les mêmes objets; on communiquera les mêmes pouvoirs; on imposera les mêmes épreuves: car c'est manquer essentiellement à l'homme que de requérir plus de savoir pour un lieu que pour un autre, pour les cités que pour les campagnes.

Jusqu'à ce jour, on a divisé cet art en trois: la Médecine, la Chirurgie, la Pharmacie; et il en est résulté un désaccord funeste et à l'art et aux hommes. Il est clair que ce sont les parties d'un même tout: elles doivent donc être réunies dans les mêmes Écoles. Cet art doit sa naissance aux Grecs; jamais chez eux la Pharmacie et la Chirurgie ne furent séparées de la Médecine.

Tout collège de Médecine, pour être complet, comprendra désormais dans son renseignement, 1°. la Physique, connue sous le nom de Médicale, c'est-à-dire, appliquée dans toutes ses parties à l'art de guérir: car c'est en elle que résident tous les principes sur

lesquels peut se fonder cet art. 2°. L'analyse ou la connoissance exacte de toutes les substances que les trois règnes de la nature lui
fournissent. 3°. L'étude du corps humain dans l'état de santé. 4°.
Celle des maladies, quant à leurs symptômes, à leur traitement, au
mode de les observer et d'en recueillir l'histoire. 5°. Les connoissances requises pour être en état d'éclairer, dans des circonstances
difficiles, le jugement de ceux qui doivent prononcer sur la vie et
l'honneur des citoyens. 6°. Enfin; car c'est-là que tout doit aboutir,
l'enseignement de la Médecine pratique.

Pour faciliter toutes ces parties d'un même enseignement, (p.045)
vous jugerez que les Écoles doivent être établies dans l'enceinte
même des Hôpitaux; car on ne peut trop rapprocher les institutions
de ceux pour qui elles sont le plus nécessaires. C'est-là que le bien
des malades est toujours d'accord avec les progrès de l'instruction;
que la théorie ne marche point au hasard, et que souvent un seul
jour rassemble tous les bienfaits de l'expérience d'un siècle: c'est-là
que les Élèves commenceront par soigner les malades pour être
mieux en état de les traiter un jour, qu'ils apprendront presque en
même-temps à ordonner, à préparer, à appliquer les remèdes, et que
par-là ceux qui se destineront particulièrement à une des branches
de l'art, se trouveront pourtant suffisamment instruits sur toutes.

Tel sera l'enseignement.

Il seroit sans doute à désirer que tout Département eût son École;
mais cette convenance doit ici fléchir devant la nécessité. Il est clair
que des Écoles de Médecine, trop multipliées, ne pourroient se
soutenir, soit parce qu'on manquerait de Professeurs, soit parce
qu'on manqueroit d'Élèves. En matière d'enseignement, c'est, avant
tout, la médiocrité qu'il faut qu'on éloigne: elle naît de plusieurs
manières, et parce qu'elle n'apprend pas, et parce qu'elle apprend
mal, et parce qu'elle ne communique point aux Élèves ce zèle, cet
enthousiasme créateur que les grands talens peuvent seuls inspirer.

Quatre Collèges complets ont paru suffire au besoin de tout le
Royaume.

Cependant, pour rapprocher le plus possible l'instruction de
chaque lieu, on a pensé que tout Corps administratif pourroit utilement établir, dans son arrondissement, une espèce d'École sec-
ondaire qui seroit placée dans l'hôpital le mieux organisé du Dépar-

tement. Là, tous les jeunes gens peu favorisés de la fortune, mais annonçant des dispositions particulières pour (p.046) l'état de Médecin, seraient nourris et logés à peu de frais. Ils rendroient des services à la maison, et ils en recevroient en retour les premiers élémens de l'art; et par de bons livres élémentaires, et par des leçons-pratiques de tous les jours. Leur éducation médicale ainsi commencée, quelquefois même terminée, ils n'auroient plus qu'à se transporter au Collège de Médecine le plus prochain pour y subir les examens requis, et y être, bientôt après, proclamés Médecins.

La nécessité de ces examens doit être rigoureusement maintenue; car il faut ici sur-tout défendre la crédule confiance du peuple contre les séductions du charlatanisme. Il faut donc donner une caution publique à la profession de cet état; mais, en même-temps vous voudrez que les anciennes lois coercitives, qui fixoient l'ordre et le temps des études, soient abolies. Vous ne souffrirez pas qu'aucune École s'érige en jurande: ainsi ce ne sera plus le temps, mais le savoir qu'il faudra examiner; on ne demandera point de certificats; on exigera des preuves; on pourra n'avoir fréquenté aucune École et être reçu Médecin; on pourra les avoir parcouru toutes, et ne pas être admis: par cette double disposition, on accordera parfaitement, et dans cette juste mesure qui est à désirer en tout, ce qu'exige la justice, ce que demande la liberté, et ce que réclame la sûreté publique.

Nota. Il reste à pourvoir aux progrès de la Science médicale, par le moyen des correspondances et par des travaux concertés, ainsi que font aujourd'hui les Sociétés savantes et les Corps académiques. Cet objet fera partie du grand Institut où il doit être traité dans la section des Sciences. (p.047)

ÉCOLES DE DROIT.

Ce n'est qu'à dater de la Constitution que la Science du Droit peut devenir une et complette. Jusqu'à cette époque, le Droit public, qui en fait partie essentielle, a été nécessairement une Science occulte, livrée à un petit nombre d'Augures qui la travestissoient à leur gré, ou plutôt c'étoit une Science mensongère qu'il étoit impossible d'apprendre, parce qu'elle n'avoit pas de réalité.

Le droit privé étoit plus réel, plus constaté dans son existence; mais son immensité, mais la multitude de ses élémens hétérogènes, accumulés par le temps et le hasard, devoient effrayer l'esprit le plus vaste, la raison la plus forte. Comment, au milieu de ce chaos retenir toujours le fil des principes, ou comment consentir à s'en passer? Ce n'étoit pas le vice de la Science, encore moins celui de l'enseignement; c'étoit celui de son objet.

On a fait pourtant de justes reproches à l'enseignement, ou plutôt à quelques abus du Corps enseignant: c'est celui qui portoit sur la facilité scandaleuse des épreuves. Il seroit impossible, il seroit coupable de chercher ici à la justifier: car elle tendoit à avilir la science: mais elle tenoit à une cause qu'on ne peut imputer qu'au Gouvernement. Les Facultés de Droit étoient presque par-tout uniquement payées par les Élèves: de-là la tentation de n'en refuser aucun, et d'en attirer beaucoup. Encore si cet abus, pour exister, avoit eu besoin de l'assentiment du plus grand nombre des Facultés, l'amour du bien (p.048) public, le respect pour la Science, et une sorte de décence l'auroient sans doute repoussé; mais il suffisoit qu'il existât une seule Faculté dans le Royaume qui eût acquis cette déplorable renommée; il suffisoit même de la seule existence d'une Faculté étrangère (celle d'Avignon) à laquelle il étoit libre de recourir, pour corrompre, sous ce rapport, l'enseignement général: car les Facultés les plus attachées à leurs devoirs, après avoir lutté quelque temps pour la règle, se sont vues contraintes à faire du moins fléchir un peu la rigueur des principes pour retenir des Élèves qui presque tous leur auroient inévitablement échappé.—Cet abus est facile à prévenir.

Quant à l'enseignement, il présente plusieurs difficultés. Le Droit n'est pas une Science spéculative; c'est la science de ce qui est, non de ce qui doit être, et ce sera aussi quelque temps encore la science de ce qui ne sera plus: car malheureusement les mauvaises lois règnent après leur mort. Ainsi l'enseignement est condamné à se ressentir pendant plusieurs années des vices de nos anciennes lois qu'il faudra savoir, qu'il faudra accorder entre elles à l'époque où l'on se disposera à les détruire, ou même après qu'elles auront été détruites. C'est un état pénible pour la Science, mais un état inévitable, et qui exigera pendant quelques années des précautions dans l'enseignement.

Un temps viendra où toutes les parties de cette Science s'éclaireront du jour de la raison: c'est lorsque les Législateurs auront porté ce même jour sur le code entier de la législation, et présenteront enfin un système de lois pures et concordantes, ramené à un petit nombre de principes. En attendant, l'enseignement doit profiter de ce qui est fait, en même temps qu'il souffrira de tout ce qui reste à faire.

Le premier objet que désormais il doit offrir, est la Constitution, (p.049) ou le Droit public national, dont il puisera les principes dans le texte même de l'acte constitutionnel et dans les lois qui en contiennent le principal développement. Les Maîtres trouveront des Élèves préparés à cette instruction: les enfans en auront reçu la première leçon de la bouche de leur père; ils auront grandi en répétant ces titres désormais imperdables, confiés de bonne-heure à leur mémoire, et dont l'amour croîtra et se développera avec eux.

Malheur aux Maîtres qui auront à traiter de si nobles sujets, s'ils restoient froids au milieu de ces Élèves bouillans de jeunesse et de courage: c'est à ces cœurs neufs et purs qu'il est facile de communiquer le saint enthousiasme du patriotisme et de la liberté. Combien de récits touchans pourront animer ces leçons, y répandre du charme et de l'intérêt! Comme l'histoire de la patrie est utilement liée à l'enseignement de sa Constitution! Comme cette histoire parle à l'âme dans un pays libre! Quelles douces larmes elle fait répandre!

Après la Constitution, sera placée la théorie des délits et des peines, et celle des formes employées par la Société pour l'application de ses lois pénales: car il est juste de faire connoître à ceux qui étudient le droit, aussitôt qu'ils ont appris la Constitution, le code pénal qui en est l'appui, tant parce qu'il définit d'une manière exacte en quoi un citoyen peut offenser la Constitution, que parce qu'il déclare la peine qui doit suivre cette offense. D'ailleurs, rien ne touche de plus près au pacte social que la connoissance des peines auxquelles est soumis un membre de la Société, quand il en a violé les lois.

Il seroit utile que tous les Citoyens connussent la forme des jugemens en matière criminelle. C'est une épreuve que l'homme le plus vertueux n'est pas sûr de ne jamais subir; et il lui importe de savoir, avec beaucoup d'exactitude, la marche (p.050) que l'on doit suivre à son égard, comme aussi les droits qu'il est autorisé à réclamer pour mettre son innocence dans tout son jour, et ne perdre aucun de ses avantages par ignorance ou par foiblesse.

La connoissance des formes de la procédure criminelle ne sauroit être trop généralement répandue dans un pays qui a le bonheur de posséder l'institution du Juré. La fonction solemnelle de juger un accusé et de prononcer la vérité sur un fait d'où peut dépendre l'honneur ou la vie d'un homme, n'exige pas à la vérité des connoissances judiciaires; mais il est à désirer que ceux qui ont cette belle fonction à remplir, n'y soient pas tellement étrangers, qu'ils ignorent complettement en quoi elle consiste. Lorsqu'ils y seront initiés d'avance, ils s'en formeront une idée plus juste, et ils pourront la remplir avec une plus parfaite exactitude.

La science du Droit criminel aura donc peu de chose à enseigner aux adeptes, qui ne soit presque également nécessaire aux citoyens de toutes les professions; et la perfection de cette science consistera à devenir assez claire pour qu'elle ne puisse jamais flatter l'amour-propre d'un savant, mais pour qu'elle puisse facilement éclairer la conscience de tous ceux qui auront besoin d'y recourir.

Il est permis de désirer sans doute, mais il est plus difficile d'espérer que le Droit civil particulier puisse atteindre le même degré de simplicité. On se persuade aisément, quand on y a peu réfléchi, que cette partie du droit n'est qu'un traité de morale naturelle; et la morale est la science que tous les hommes croyent posséder, sans s'être crus obligés de l'acquérir par l'étude. Cependant, si l'on veut songer à l'immense variété des transactions qui doivent nécessairement avoir lieu dans une nombreuse société d'hommes entre qui les propriétés sont si inégalement réparties; à la quantité de (p.051) piéges que la ruse tend sans cesse à la bonne-foi trop confiante; à la multiplicité des formes décevantes sous lesquelles l'astuce peut se reproduire; on s'étonnera moins qu'il ait fallu réduire en art la bonne-foi elle-même et fortifier par des règles fixes la sûreté des contrats, qui devroient n'en avoir d'autres que l'intérêt réciproque et la loyauté des parties contractantes.

C'est principalement dans cette partie de leurs lois que les Romains avoient porté cet esprit de sagesse et de justice, et cette méthode pure d'analyse, qui leur a mérité la gloire de perpétuer la durée de leur législation bien au-delà de celle de leur Empire. Le digeste, retrouvé vers le milieu du treizième siècle, frappa les esprits de tous les peuples qui le connurent, par ce degré d'évidence et de supériorité qui n'appartient qu'à la raison universelle.

C'étoit un juste hommage: il n'y falloit pas ajouter un culte super-stitieux. Des parties de législation trop favorables au pouvoir ar-bitraire, d'autres ridiculement contrastantes avec le reste de nos institutions, ne s'établirent pas moins impérieusement que les titres les plus raisonnables; et la féodalité seule disputa aux lois romaines le sceptre de notre législation. Ainsi la France fut partagée en deux grandes divisions. La section la plus méridionale de l'Empire ac-cueillit le droit romain comme la loi unique ou dominante du pays; les autres provinces, en admettant le droit romain comme raison écrite, continuèrent d'être régies par leurs usages qui se con-servèrent long-temps par la tradition avant d'être fixés par l'écriture et réduits en corps de coutume, tels que nous les voyons aujourd'hui; mais dans tous les lieux on emprunta du droit romain les notions générales de justice et d'équité, et principalement celles qui concernent la théorie des contrats qui retrouve son application chez tous les peuples et dans tous les siècles, parce (p.052) qu'elle tient aux premiers besoins des hommes. Cette partie du droit ro-main mérite donc d'être enseignée par-tout, comme la raison écrite et comme la meilleure analyse des principales transactions que produit la Société.

Ce seroit un ouvrage vraiment utile et digne d'un siècle éclairé que d'extraire de cette vaste collection de lois et de décisions qui forment le corps du droit romain, les titres qui sont empreints de ce caractère éternel de sagesse qui convient à tous les temps. Un tel livre serviroit de base à la réforme des lois, et rendroit aussi l'ensei-gnement plus simple, plus clair et plus complet.

Reste le droit coutumier qui régit la moitié de l'Empire. Il faudra encore quelque temps enseigner par-tout et l'esprit général des cou-tumes, et dans chaque Département, la coutume du lieu.

Ce sera aussi pour les Maîtres un devoir d'ouvrir, sous les yeux de leurs Élèves, nos principales et plus célèbres Ordonnances, celles de Moulins, d'Orléans, de Blois, etc. de leur faire remarquer par quels progrès ces lois s'acheminoient insensiblement vers une sagesse supérieure, accumulant, avec trop peu de méthode, des articles dont la plupart ne subsistent plus, mais dont plusieurs aussi règlent encore quelques-uns des objets les plus importans de l'ordre social. Les Ordonnances des testamens et des donations trouveroient ici leur place. Je suppose celle des substitutions abrogée.

Cet enseignement devra se terminer par des leçons sur les formes de la procédure civile: car, c'est peu de connoître les lois, si l'on ne connoît aussi les moyens d'y avoir recours et d'invoquer la puissance de la justice, soit pour obtenir la réparation des torts que l'on a soufferts, soit pour défendre sa propriété contre les aggressions judiciaires auxquelles on est exposé.

Je ne dirai rien du Droit canonique dont on prenoit dans (p.053) nos anciennes Écoles quelques notions superficielles. Le petit nombre de vérités comprises dans cette science appartient à la Théologie, dont nous avons fait un chapitre séparé.

Jusqu'à ce jour on a exigé que les Élèves parcourussent tous les degrés et tous les temps de l'instruction; la loi étoit inflexible à cet égard autant que minutieuse. Le temps des inscriptions, le passage d'une classe à une autre, l'époque où chaque formalité devoit s'accomplir, l'apparence même de l'assiduité étoient prescrites avec une importance qui n'admettoit pas d'exceptions. Ainsi l'on exigeoit tout, hors la science: car, on peut feindre l'assiduité, éluder les précautions, remplir extérieurement de vaines formes; mais la science seule ne se contrefait pas, et c'est elle seule qu'on a droit de demander aux Élèves.

Une mesure uniforme de temps d'études est injuste à imposer, quand la nature a départi aux hommes une mesure inégale d'attention et de mémoire.

Offrez les secours de la méthode et les avantages de l'assiduité aux esprits dont ce double bienfait rendra la marche plus directe et plus sûre.

Mais ne les commandez pas aux esprits dont l'ardeur n'y verroit qu'un assujettissement pénible, et le souffriroit avec impatience. Craignez que le dégoût d'une route uniforme et lente ne produise chez eux celui de la science elle-même.

Offrez à tous un fil conducteur. Ne donnez de chaînes à personne, et n'admettez que ceux qui parviendront au but, c'est-à-dire, qui seront véritablement instruits. Ne leur demandez pas quel temps ils ont mis à se former; mais s'ils ont acquis beaucoup de connoissances; ne les interrogez pas sur leur âge, mais sur leur capacité; non sur leur assiduité aux leçons, mais sur le fruit qu'ils en ont tiré.

Qu'un examen long et approfondi réponde de la capacité (p.054) des aspirans; mais que cet examen ne soit pas illusoire; que ce ne soit pas une vaine formalité. On a trop long-temps bercé les hommes avec des paroles, il est temps d'obtenir des réalités; qu'elles soient garanties par des moyens infaillibles. La présence du public avant tout; car l'œil du public écarte l'ineptie par la honte et rend impossibles les fraudes et les préférences.

Il existe dans l'émulation des Élèves un ressort puissant dont la main du Législateur habile doit aussi s'emparer. Laissez-le; joignez-y celui de leur intérêt personnel, et vous aurez la meilleure garantie de la réalité et de l'efficacité des examens.

Je propose donc que chaque Élève subisse un examen, dans lequel interrogé, pressé par ses collègues, il ait à répondre sur toutes les parties du Droit dont se compose un cours complet d'enseignement. Que cet examen dure assez long-temps pour que l'épreuve ne puisse pas être superficielle, et qu'il n'y ait aucun moyen d'éviter la honte d'ignorer à ceux qui n'auroient pas pris la peine de s'instruire.

Qu'à la fin de chaque cours les Élèves et les Maîtres se réunissent pour désigner l'ordre des places, à raison du degré d'instruction dont chaque Élève auroit fait preuve dans son examen, et que cette liste soit rendue publique par l'impression.

On sent assez quelle seroit la puissance de ce moyen sur des âmes toutes neuves encore pour le désir de la gloire et les faveurs de l'opinion publique. On sent combien un tel examen commanderoit de préparations au récipiendaire, et comme il ranimeroit l'ardeur de ses collègues, obligés d'être ses compétiteurs. Ainsi le mérite s'ouvriroit à lui-même les chemins de la fortune: car celui qui auroit été montré au public par ses propres rivaux comme le plus capable, jouiroit bientôt de tous les avantages de sa confiance. (p.055)

Mais chaque Département aura-t-il un établissement d'instruction pour l'enseignement du Droit? Plusieurs motifs doivent ici se combiner: celui de rapprocher les sources de la science des hommes qui auront intérêt d'y puiser; celui d'augmenter l'émulation des Élèves, en appellant à un même foyer plus de concurrence, afin de créer une lutte plus active entre les talens rivaux; celui d'augmenter l'émulation des Maîtres, en leur offrant un plus grand concours de Disciples, et de réserver les chaires de l'enseignement à des Professeurs d'un mérite plus éprouvé; enfin un grand intérêt politique vous portent à réunir, par des Institutions communes, ces portions d'un même tout, qui ne doivent former de circonscriptions que sous des rapports administratifs, mais non toutes les fois qu'on les considère sous des rapports nationaux.

La meilleure distribution des établissemens de Droit sera celle qui aura concilié le plus de ces avantages, et il paroît que dix établissemens de ce genre tiennent un juste milieu entre tous les partis qui ont été proposés. Alors il n'y auroit ni des Écoles désertes à force d'être multipliées, ni des centres d'instruction trop éloignés des points qui doivent y aboutir.

ÉCOLES MILITAIRES.

La partie de l'instruction publique relative aux élémens de l'art militaire et à l'éducation de ceux qui se destinent à cette utile profession, a des rapports nécessaires et des bases communes avec le système militaire de tout le Royaume. (p.056)

La France est partagée en vingt-trois divisions militaires. On se trouve naturellement conduit à placer dans chacune de ces divisions une École Militaire, qui s'appellera École de Division, et sera commune à tous les Départemens dont se compose la même division. C'est-là que les jeunes gens destinés au métier des armes, et auxquels je suppose l'instruction qu'on peut acquérir dans les Écoles primaires et dans celles de District, trouveront les moyens d'étendre les connoissances que leur destination leur rend plus nécessaires.

Ils ne seront admis dans ces Écoles de Division, ni avant l'âge de quatorze ans, ni après l'âge de seize. Ce qui fait une loi de cette double règle, c'est la nécessité de ne prendre les Élèves qu'au moment où ils auront pu déjà parcourir les premiers degrés de notre échelle d'instruction, et l'avantage incontestable de les introduire dans la carrière militaire, assez jeunes pour qu'ils puissent parvenir à tous les grades encore dans la force de l'âge, pour qu'ils ne soient pas atteints par la vieillesse dans ces postes où il faut une jeune ardeur, et où ils languiroient sans gloire pour eux, sans utilité pour leur pays. Il est bon d'observer que ces différences d'âge et d'avancement qui condamnoient les uns à une torpeur décourageante, tandis que les caprices de la faveur et de la naissance assuroient aux autres une marche rapide et privilégiée, étoient précisément un de ces vices invétérés de l'ancienne administration, dont vous devez le plus soigneusement préserver à l'avenir cette profession.

Le cours des études et exercices militaires sera de quatre années, dont deux dans les Écoles de Division. On enseignera, par un mélange combiné de travaux sérieux et de distractions instructives, les premières connoissances militaires, le maniement des armes, les langues angloise et allemande, le dessin, les élémens de Mathématiques appliqués à l'art de la guerre, sur-tout la géographie et l'histoire. (p.057)

Il est inutile de dire que ces jeunes citoyens devant diriger leur premier intérêt vers le pays qui les a vu naître, on leur donnera une idée plus ou moins développée des productions et des gouvernemens des différentes parties du monde, suivant la nature des relations qu'elles ont avec nous; que la description géographique de la France sera l'objet particulier de leurs études sur cette matière, comme on placera antérieurement à tout des notions plus approfondies de notre Constitution, qui confirmeront et agrandiront celles qu'ils auront déjà pu recueillir dans les Écoles primaires et de District.

C'est à ce dernier genre d'instruction qu'il faut rapporter l'explication d'un catéchisme de morale sociale et politique, dans lequel seront exposés les droits et les devoirs de l'homme en société, ce qu'il doit à l'État, ce qu'il doit à ses semblables. De ces principes qui sont les bases fondamentales de la Constitution Françoise, et de la nécessité de conserver l'action de tous les ressorts de la machine sociale, on déduira de nouveaux rapports, ceux des chefs et des subordonnés, rapports dérivans de la nature même des choses qui, loin de nuire à la liberté, à l'égalité, sont indispensables pour le maintien de l'une et de l'autre.

Le véritable Instituteur a toujours un but moral, une idée souveraine vers laquelle se dirigent toutes ses intentions. Celle qui ne doit jamais l'abandonner dans l'apprentissage de l'art militaire, c'est l'idée de la subordination, cette compagne naturelle de l'amour réfléchi de la liberté, cette première vertu du guerrier, sans laquelle un État n'aura jamais une armée protectrice. Il fera donc sortir de toutes les leçons de l'histoire et de tous les résultats de la réflexion, il rendra sensible à ses Élèves, par les exemples comme par les raisonnemens et par l'impression de l'habitude, la nécessité de cette subordination. Il les armera contre cet étrange abus du raisonnement, (p.058) voudroit présenter l'obéissance militaire comme en contradiction avec les principes de l'égalité; comme si là spécialement où tous sont égaux, où tous ont concouru à la formation de la Loi, tous ne devoient pas également obéir à ceux que la Loi autorise à commander. Enfin nos Écoles Militaires élèveront à la fois des citoyens libres, des soldats subordonnés, et par conséquent de bons chefs.

Outre ces Écoles de Division, il y aura six grandes Écoles Militaires pratiques, qui seront placées aux frontières du Royaume, dans les villes les plus considérables et les places de guerre les plus importantes, à Lille, Metz, Strasbourg, Besançon, Grenoble et Perpignan. Comme ces grandes Écoles ont un autre objet que les Écoles de Division, leur organisation sera nécessairement différente. Elles sont spécialement destinées à réaliser, par une pratique journalière, un genre d'instruction que la seule théorie laisse toujours imparfait, et à transporter parmi les habitudes de la première jeunesse les exercices et évolutions auxquelles elle est singulièrement propre, et tous les détails d'un régime actif et sévère, étranger aux arts d'agrément. Elles seront donc instituées sur le pied militaire, et pour mieux remplir leur principal objet, qui est de former de bons officiers, elles serviront aussi à élever des soldats.

Il sera entretenu dans chacune de ces six grandes Écoles, des jeunes gens sains et bien constitués, de l'âge de douze à quinze ans, qui seront nommés par les Départemens en proportion de ce que chacun d'eux fournit communément de soldats à l'armée, et choisis de préférence parmi les enfans d'anciens soldats et les pauvres orphelins. C'est pour cette classe un établissement de bienfaisance, en même-temps qu'un moyen d'instruction plus parfaite pour ceux qui sont destinés au commandement. Il sera de plus attaché à chaque grande École un certain nombre d'Élèves tirés des Écoles de Division par la voie d'un (p.059) concours, dont les formes seront prescrites, et à l'aide de cette épreuve, on fera sortir de ces grandes Écoles tous les Sous-Lieutenans de l'armée. Déjà, l'on apperçoit la base sur laquelle s'élèvera tout le système de l'avancement militaire, qui n'appartient plus à mon travail; mais que j'ai dû vous montrer épuré dans sa source de tous les anciens abus, et assurant l'exécution de ce grand acte de raison et de justice par lequel vous avez déclaré tous les citoyens admissibles à toutes les places et emplois.

Je ne m'arrêterai point à tous les détails de ces établissemens qui, par leur nature, se rapportent souvent à un autre ordre de choses, et doivent être renvoyés au système de l'organisation militaire. Je me bornerai à vous présenter quelques résultats, dont vous trouverez facilement les motifs dans vos principes, ou dans une utilité reconnue.

Les grandes Écoles seront établies dans un corps de caserne isolé, qui n'ait point de communication immédiate avec aucun autre. Le service intérieur s'y fera comme dans une place de guerre. Chaque École formera un régiment d'infanterie où les grades supérieurs offriront d'honorables retraites aux anciens Officiers des troupes de ligne, en même temps que d'utiles exemples aux jeunes gens, et où ceux-ci seront distribués dans les différentes compagnies, soit comme Élèves Officiers, soit comme Élèves Soldats; mais de manière que tous aient commencé leur apprentissage comme Soldats, et aient passé successivement par tous les grades.

Les Élèves Officiers et les Élèves Soldats recevront une instruction particulière et une instruction commune.

On expliquera aux Élèves Officiers un traité de fortifications, les élémens de l'artillerie, toutes les parties du service et de l'administration militaire, et on perfectionnera en eux les différentes connoissances qu'ils auront pu acquérir aux Écoles de Division. (p.060)

On donnera aux Élèves Soldats la même instruction qui est prescrite pour les Écoles Primaires.

Tous les Élèves, soit Officiers, soit Soldats, seront habituellement environnés et fortement pénétrés des idées simples de la morale, que les Écoles de Division m'ont donné occasion d'indiquer, et qui recevront pour chacun un développement proportionné à son intelligence et à sa destination.

Il en résultera que le premier apprentissage de l'art Militaire, transporté à sa véritable place, dans le ressort de l'instruction publique, ne se fera plus comme autrefois dans les Régimens qui ont droit d'exiger de ceux qu'ils reçoivent, des connoissances préliminaires, et un service réel et actif. Et notre système complet sera tel dans son ensemble et dans ses différentes branches que les Citoyens verront la carrière des places Militaires, ouverte à tous également; que les Officiers comme les Soldats, apprendront leurs devoirs de Citoyens, en même-temps que leurs devoirs de Guerriers; et qu'enfin la Société entière, en s'acquittant envers ses membres de la dette sacrée d'une bonne éducation, multipliera tout à-la-fois ses moyens de défense contre ses ennemis, et ses motifs d'une juste confiance en ses défenseurs. (p.061)

INSTITUT NATIONAL.

Lorsque les écoles primaires des Cantons, et les collèges des Districts et des Départemens seront organisés, on aura préparé l'instruction de l'enfance, de la jeunesse, et même celle d'une partie des fonctionnaires publics; mais il faudra pourvoir encore aux progrès des lettres, des sciences et des arts. Il faudra terminer l'éducation de ceux qui se destinent spécialement à leur culture. Nous proposons dans cette vue l'établissement d'un Institut national, où se trouve tout ce que la raison comprend, tout ce que l'imagination sait embellir, tout ce que le génie peut atteindre; qui puisse être considéré, soit comme un tribunal où le bon goût préside, soit comme un foyer où les vérités se rassemblent; qui lie, par des rapports utiles, les Départemens à la Capitale, et la Capitale aux Départemens; qui, par un commerce non interrompu d'essais et de recherches, donne et reçoive, répande et recueille toujours; qui, fort du concert de tant de volontés, riche de tant de découvertes et d'applications nouvelles, offre à toutes les parties des sciences et des lettres, de l'économie et des arts, des perfectionnemens journaliers; qui, réunissant tous les hommes d'un talent supérieur en une seule et respectable famille, par des correspondances multipliées, par des dépendances bien entendues, attache tous les établissemens littéraires, tous les laboratoires, toutes les bibliothèques publiques, toutes les collections, soit des merveilles de la nature, soit des chefs-d'œuvre de l'art, soit des monumens de l'histoire, à un point central; et qui, de (p.062) tant de matériaux épars, de tant d'édifices isolés, forme un ensemble imposant, unique, propre à faire connoître au monde, et ce que la philosophie peut pour la liberté, et ce que la liberté reconnoissante rend d'hommages à la philosophie.

Pour que ce projet ait son entière exécution, l'Institut doit embrasser tous les genres de connoissances et de savoir. Jugeons par ce que l'esprit humain a fait, de ce qu'il est capable de faire encore; examinons ce qu'il est, ce qu'il peut être, et que ses facultés nous apprennent à satisfaire à ses besoins.

PROGRAMME.

Des Sciences philosophiques, des Belles-Lettres et des Beaux-Arts.

L'homme sent, il pense, il juge, il raisonne, il invente, il communique ses idées par des gestes, par des sons, par des discours écrits ou prononcés; il communique ses affections par l'harmonie des vers, des sons, des formes et des couleurs; il les consacre par des monumens; il recherche quelle est la nature des êtres, ce qu'il est lui-même, ce qu'il doit, ce qu'on lui doit, ce qu'il peut et ce qu'il fut.

PROGRAMME.

Des Sciences mathématiques et physiques, et des Arts mécaniques.

Vu sous d'autres rapports, l'homme sait calculer les nombres et mesurer l'étendue. Quatre grands moyens lui ont dévoilé la connaissance des corps; l'observation qui suffit à leur histoire, l'expérience qui en a découvert le mécanisme, l'analyse et la synthèse qu'il invoque pour en approfondir la composition intime. A l'aide de ces moyens, il considère dans la matière ses propriétés générales, (p.063)ses états divers, le mouvement et le repos; dans l'athmosphère, son poids, sa température, ses balancemens et ses météores; dans les sons, leur intensité, leur vitesse, leur mélange et leur harmonie; dans la chaleur, sa communication et ses degrés;

dans l'électricité, ses courans, son équilibre, ses chocs et ses orages; dans la lumière sa propagation et ses couleurs; dans l'aimant, son attraction et ses poles; dans le ciel, les astres dont les phénomènes lui sont connus; sur la terre, les minéraux qu'il recueille; les métaux qu'il prépare; les végétaux qu'il classe, dont il examine les organes et les produits; les animaux dont il étudie les formes, les mœurs, la structure, les élémens, la vie et la mort, la santé et les maladies; les champs qu'il cultive; les chemins qu'il ouvre; les canaux qu'il creuse; les villes qu'il élève et qu'il fortifie; les vaisseaux dont il se sert pour communiquer avec les deux mondes; les forces combinées qu'il oppose à ses ennemis, et les arts nombreux qu'il inventa pour plier la nature à ses besoins.

Celui qui se place au milieu de cette immensité, ne sait où reposer sa vue. Par-tout ce sont des foyers de lumière, et l'œil s'étonne également de ce qu'il voit en masse, et de ce qu'il apperçoit en détail. Ce sont ces trésors de la plus haute instruction qu'il importe de ranger dans le meilleur ordre, et que la Nation doit ouvrir à tous ceux qui sont en état d'y puiser.

Quoiqu'il n'existe pas de tableau aussi complet des connaissances humaines, nous sommes bien loin, en vous proposant d'adopter ce travail, de vouloir mettre des bornes au génie des découvertes, en traçant autour de lui le cercle compressif de la loi. Nous avons voulu seulement disposer avec ordre toutes nos richesses, et imiter les naturalistes, qui, pour aider notre foible mémoire, ont classé tous les trésors de la nature, sans prétendre ni la borner, ni l'asservir.

Ainsi, notre travail est composé de deux parties; l'histoire (p.064) de l'homme moral y contraste avec celle de l'homme physique; les sciences purement philosophiques marchent à côté des sciences d'observation; les beaux-arts terminent la première série, comme les arts mécaniques se trouvent à la fin de la seconde. Par-tout les masses principales se correspondent dans ces deux grandes divisions: dans la première, tout est rationel, philosophique, littéraire; dans la seconde, tout est soumis à la précision de l'expérience. Dans l'une comme dans l'autre, la raison a besoin d'être forte. La mémoire, aidée d'une bonne méthode, classera des objets nombreux, et l'imagination trouvera, soit dans les inspirations de l'éloquence, soit dans la haute théorie du calcul, soit dans les découvertes de la physique, soit dans les inventions des arts, cet aliment qui la nourrit et la dispose aux grandes conceptions.

Avant notre époque, les établissemens relatifs aux progrès des lettres, des sciences et des arts, n'étoient point d'accord entre eux: ils n'avoient point été disposés pour s'aider mutuellement, pour se correspondre; les préjugés y dominoient, la naissance osoit y remplacer le savoir et le talent.

Maintenant que toute illusion a cessé, il faut briser les formes discordantes de ces établissemens divers, et les fondre en un seul où rien ne blesse les droits de l'égalité et de la liberté, auquel nous puissions ajouter ce qui manque aux premières institutions, et d'où ce qui ne tient qu'à un vain luxe, soit scrupuleusement banni. Dans un moment où tant de débris dispersés d'abord, changés bientôt en matériaux, étonnent par la place qu'ils occupent dans des constructions jusqu'à présent inconnues parmi nous, dans un moment où tant de ressorts se meuvent pour la première fois, au milieu de toutes les inquiétudes qui agitent les esprits, seroit-il prudent d'abandonner au hasard des circonstances le sort des sciences, (p.065) des lettres et des arts? N'est-ce pas, lorsque tant d'idées, tant de lois, tant de fonctions sollicitent des expressions nouvelles, lesquelles demandent toutes à être inscrites dans le vocabulaire de la langue françoise, qu'il faut l'enrichir sans cependant le surcharger? N'est-ce pas, lorsque sur nos théâtres, la scène s'étend à tous les états, à toutes les situations de la vie, et lorsqu'en se prêtant ainsi à toutes les formes, il est à craindre qu'elle ne dégénère par cela même qui doit contribuer à l'aggrandir? N'est-ce pas, lorsque les orateurs de nos tribunes nationales doivent réfléchir long-temps encore sur le genre d'éloquence qui convient à leurs discours, lorsque la chaire elle-même offre un champ nouveau, et que, dans les tribunaux comme ailleurs, ce n'est plus l'ancien langage qui peut être entendu; n'est-ce pas alors que les hommes les plus exercés dans la connoissance du beau, que ceux dont le goût est le plus sûr, doivent se réunir pour traiter de ces nouvelles convenances, et pour diriger dans toutes ces routes la jeunesse impatiente de les parcourir? N'est-ce pas lorsque, pour la première fois, on va enseigner la morale et la science du gouvernement, que les maîtres les plus habiles doivent unir leurs efforts? Et ne convient-il pas que ces premières écoles soient dirigées, non par un seul, mais par tous ceux qui excellent dans cette belle application des vérités dont la philosophie a fait présent au genre humain? N'est-ce pas, lorsque l'histoire va être lue, et sur-tout écrite dans un nouvel esprit; lorsque les beaux-arts naturellement imitateurs doivent s'embellir de l'éclat de leur patrie; lorsque les sciences vont être invoquées de toutes parts; lorsque le charlatanisme qui, dans les États libres, est toujours plus entreprenant, aura besoin d'être fortement réprimé; lorsqu'il importe à l'accroissement du commerce et de la richesse nationale, que les arts se perfectionnent; n'est-ce pas alors (p.066) que tous les citoyens connus par leurs talens dans ces divers genres, doivent être invités à réunir leurs efforts pour remplir ces vues utiles et pour achever cette partie de la régénération de l'État? En France, on désire, on recherche, on honore même les lumières; mais on ne peut disconvenir qu'elles ne sont pas encore assez répandues pour qu'on puisse confier à la liberté seule le soin de leur avancement. Il est du devoir de la Nation d'y veiller elle-même; il faut donc par un établissement nouveau, ramener toutes nos connoissances et tous les arts à un centre commun de perfectionnement; il faut y appeler de toutes les parties de l'Empire le talent réel et bien éprouvé; il faut que de chaque Département, et aux frais de la Nation, une quantité d'élèves choisis, et ne devant leur choix qu'à la seule supériorité reconnue de leur talent, viennent y completter leur instruction. Nous sommes bien loin toutefois de nous opposer aux associations littéraires et aux autres établissemens de ce genre, ni d'astreindre aucun individu à suivre telle route dans son éducation privée ou ses méthodes d'enseignement. Le talent s'indigne quelquefois de la marche didactique et réglementaire qu'on voudroit lui imposer; et vous donnerez une preuve de plus de votre amour pour la liberté, en la respectant jusques dans ses bizarreries et ses caprices.

En s'occupant de la formation de l'Institut national, on se demande d'abord s'il sera divisé en un grand nombre de sections distinctes et séparées. L'existence d'une des plus illustres académies nous paroît répondre complettement à cette question. L'Académie des sciences embrasse toutes les branches de l'histoire naturelle et de la physique avec l'astronomie et ce que les mathématiques ont de plus transcendant; et l'expérience de plus d'un siècle a prouvé que tant de parties différentes peuvent non-seulement être traitées ensemble (p.067) et dans les mêmes assemblées, mais qu'il y a dans cette réunion un grand avantage, en ce que l'esprit de calcul et de méthode s'étant communiqué à toutes les classes de l'académie, chacun se trouve forcé d'être exact dans ses recherches, clair dans ses énoncés et serré dans ses raisonnemens: qualités sans lesquelles on ne peut ni faire une expérience, ni déduire des résultats des observations qu'on a recueillies.

On peut répondre aussi à ceux qui demanderoient que l'Institut fût divisé en un grand nombre de sections, que les sciences s'enchaînent toutes, qu'elles se prêtent un mutuel appui, et qu'on les voit chaque jour s'identifier en quelque sorte en se perfectionnant. Loin de nous donc cette manie de diviser, qui détruit les liaisons, les rapports, qui coupe, qui isole, qui anéantit tout.

Un tableau présentera les sciences physiques et les arts rangés dans une seule section en dix classes, qui comprennent, 1°. les mathématiques et la mécanique; 2°. la physique; 3°. l'astronomie; 4°. la chimie et la minéralogie; 5°. la zoologie et l'anatomie; 6°. la botanique; 7°. l'agriculture; 8°. la médecine, la chirurgie et la pharmacie; 9°. l'architecture sous le rapport de la construction; 10°. les arts. Les objets dont les quatre dernières classes doivent s'occuper, étant très-étendus et ayant besoin d'une longue suite d'essais d'un genre qui leur est propre, il nous a semblé que chacune d'elles devoit se réunir en particulier, en admettant à ses séances seulement celles des autres classes qui ont des rapports immédiats avec ses travaux. Par exemple, la classe de médecine et de chirurgie appellera à ses assemblées les anatomistes, les chimistes et les botanistes qui sont distribués dans les premières classes de la section des sciences physiques. Les botanistes seront encore appellés (p.068) par la classe d'agriculture; les géomètres le seront par celle de construction, et les mécaniciens par celle des arts. Ces classes surajoutées suffiront pour communiquer à celles qui s'assembleront séparément, l'esprit qui animera les premières, et cependant celles-ci continueront de marcher ensemble, parce qu'il est impossible de rien changer, sous ce rapport, dans leur combinaison qu'on doit regarder comme un modèle.

Quoique séparées dans leurs séances ordinaire, les quatre dernières classes suivroient les mêmes usages que les premières; elles obéiroient aux mêmes réglemens et aux mêmes lois; les résultats de leurs recherches seroient réciproquement communiqués entre elles, et leurs assemblées publiques se tiendroient en commun.

Comme il ne doit y avoir qu'une seule section pour les sciences physiques et les arts, il ne doit y en avoir qu'une aussi pour les sciences morales et philosophiques, pour les belles-lettres et pour les beaux-arts. L'histoire ne peut être séparée ni de la morale, ni de la science du gouvernement. Et pourquoi rangeroit-on à part les belles-lettres qui se mêlent avec tant de charme aux discussions les plus sérieuses. C'est elles qui donnent aux écrits des Philosophes cet intérêt de style sans lequel on a difficilement des lecteurs, et elles trouveront elles-mêmes, soit dans les annales de l'histoire, soit dans les ouvrages des Législateurs, des rapprochemens inattendus, des vues hardies, une instruction solide dont l'éloquence peut faire l'usage le plus noble et le plus utile.

Certes la Science de la grammaire, qui ne doit être étrangère à aucun homme de lettres, et les préceptes de l'éloquence sont moins éloignés de l'étude de l'histoire et de la morale, ou, si l'on veut, de la science du gouvernement, que la Chimie ne l'est de l'Astronomie, ou que l'étude des (p.069) Plantes ne l'est de celle des Mathématiques. Les personnes qui cultivent les sciences philosophiques, et les belles-lettres, peuvent donc être rassemblées dans les mêmes séances; et puisque cette réunion est possible, il faut qu'elle ait lieu; car c'est en séparant les hommes en de petites associations, qu'on voit leurs prétentions s'accroître, et l'esprit de corps, si opposé à l'esprit public, créer pour eux des intérêts différens de ceux que le bien général indique.

La section des sciences philosophiques, des belles-lettres et des beaux-arts, qui compose l'autre division de notre tableau, est, comme celle des sciences physiques et des arts, divisée en dix classes, qui comprennent, 1°. la morale; 2°. la science du gouvernement; 3°. l'histoire ancienne et les antiquités; 4°. l'histoire et les langues modernes; 5°. la grammaire; 6°. l'éloquence et la poësie; 7°. la peinture et la sculpture; 8°. l'architecture, sous le rapport de la décoration et des beaux arts; 9°. la musique; 10°. l'art de la déclamation.

Les six premières classes, dans cette section comme dans celle des sciences physiques, tiendront des séances communes, et les quatre dernières se réuniront chacune séparément, en admettant à leurs assemblées celles des autres classes dont les recherches seront analogues à leurs travaux. Ainsi, les peintres trouveront à s'instruire dans le commerce des poëtes, des historiens et dans celui des amateurs de l'antiquité. Les élèves dans l'art de la déclamation recevront des conseils utiles de la part des auteurs dramatiques les plus exercés. Cette réciprocité de service pourra même s'étendre de la section des sciences physiques à celle des belles-lettres. Les peintres, par exemple, auront besoin des lumières des anatomistes qui appartiennent à la cinquième classe de la seconde section. L'institut national, renfermant tous les (p.070) genres de savoir, offrira aussi tous les genres de secours à ceux qui viendront les invoquer.

Jusqu'ici nous avons présenté l'Institut comme divisé en deux grandes sections; mais, sous un autre aspect, ces deux sections réunies formeront un grand corps représenté par un comité central, auquel chacune des vingt classes enverra un député qui stipulera pour les intérêts de tous. Ce Comité surveillera l'exécution des lois de l'Institut, et s'occupera principalement de ce qui concerne son administration.

On se tromperoit, si l'on regardoit l'Institut national comme devant être concentré dans Paris. Ses nombreuses dépendances se répandront dans les Départemens. Les différentes branches des Sciences Physiques, qui comprennent la Géographie, la Navigation, l'Art Militaire, l'Architecture itinéraire et hydraulique, la Métallurgie, l'Agriculture et le Commerce, auront leur foyer principal dans les ports, dans les places, dans les villes de guerre, près des mines, soit en France, soit même dans les pays étrangers, sur les sols de diverse nature, et dans les atteliers des Arts.

Ainsi la classe de Peinture et de Sculpture continuera d'avoir un Collège à Rome.

Ainsi la classe des Antiquités Orientales pourroit en avoir un à Marseille.

Ainsi des voyageurs François, choisis par les différentes classes, parcourront le globe, soit pour le mesurer, soit pour en connoître la composition et la structure, pour en étudier les productions, pour en observer les habitans, et rassembler les connoissances qui peuvent être utiles aux hommes.

Le véritable but de l'Institut national étant le perfectionnement des Sciences, des Lettres et des Arts, par la méditation, par l'observation et par l'expérience, il ne sauroit s'établir (p.071) trop de communications entre le public et les différentes classes qui le composent.

L'Institut correspondroit avec les Départemens pour tout ce qui seroit relatif à l'éducation, à l'enseignement et aux nombreux travaux sur lesquels des Savans de divers genres peuvent être consultés.

Les assemblées des différentes classes de l'Institut seroient ouvertes à ceux qui désireroient y lire des mémoires, y présenter des ouvrages, et demander des conseils pour se diriger dans leurs recherches.

L'Institut communiqueroit encore avec le public par les ouvrages qu'il feroit paroître, et par les essais de divers genres qu'il multiplieroit sous ses yeux.

Enfin l'Institut seroit enseignant.

Il est une classe maintenant très-nombreuse d'hommes entièrement voués à l'étude des Lettres, des Sciences et des Arts, qui, après être sortis des Collèges, ont besoin de l'entretien et des conseils des grands Maîtres; ils demandent qu'on leur enseigne ce que la Philosophie a de plus abstrait; ce que les Mathématiques offrent de plus savant; ce que l'expérience a de plus difficile; ce que le goût a de plus délicat. C'est dans le sein de l'Institut qu'on doit trouver naturellement de telles leçons. L'Institut doit donc être enseignant; et ce nouveau rapport d'utilité publique formera l'un de ses principaux caractères.

Cette fonction ne nuira point à celles que déjà nous lui avons attribuées. Les séances tenues par l'Institut seront essentiellement séparées de l'enseignement dont il s'agit; et cet enseignement lui-même, quoique très-distinct des assemblées, n'en sera pourtant, en quelque sorte, qu'une extension: car les Professeurs, élus en nombre suffisant par les classes, feront connoître dans leurs leçons, non la partie élémentaire (p.072) de la science ou de l'art, mais ce qui tiendra de plus près au progrès, au perfectionnement de l'une ou de l'autre; ce qui pourra servir, en un mot, de complément à l'instruction; de sorte que, pour ce genre d'enseignement, ce ne seroit peut-être pas, comme pour l'enseignement élémentaire, celui qui s'exprimeroit avec plus de netteté sur la science, mais celui qui auroit le plus fait pour elle, et qui laisseroit le plus à penser aux Élèves, qu'il faudroit choisir.

Jusqu'à ce jour, un assez grand nombre de chaires établies à Paris, soit au Collège Royal, soit au Jardin des Plantes, soit aux Collèges de Navarre et des quatre Nations, soit au Louvre, étoient destinées à l'enseignement des sciences naturelles et philosophiques et à celui de quelques-unes des parties des Belles-Lettres et des Beaux-Arts; mais il n'y avoit entre ces différentes chaires, non plus qu'entre les divers corps académiques, ni liaison, ni harmonie. Différentes autorités, quelquefois très-opposées entr'elles, dirigeoient ces établissemens, et nulle part on n'avoit senti que cette sorte d'enseignement dût s'exercer, non sur les premiers principes, mais sur les difficultés à vaincre: or cependant, il n'est presque aucune des principales divisions des connoissances humaines qui ne doive être enseignée dans les Collèges de District ou de Département. Il ne faut donc pas que les Professeurs de l'Institut répètent ce qui aura été dit longuement ailleurs. Ils n'oublieront jamais que c'est à l'avancement de la science qu'ils seront destinés, ainsi que l'Institut dont ils feront partie.

Toutes les chaires fondées au Collège Royal, au Jardin des Plantes, etc. doivent donc disparoître, parce que, telles qu'elles sont, la plupart n'entreroient point dans le plan de l'Institut où ces chaires se retrouveront sous une autre forme. (p.073)

Mais pour que l'Institut fasse tout le bien que la Nation doit en attendre, il faut que chacune des classes qui le composent, possède les moyens de donner à ses travaux toute la perfection dont ils sont susceptibles. Les unes auront besoin d'un laboratoire, d'une collection d'instrumens, de machines, de modèles: aux autres, il faudra un jardin, un champ, une ménagerie, un troupeau: toutes réclameront les secours des grandes Bibliothèques et une Imprimerie riche en caractères de tous les genres: toutes désireront qu'une correspondance active leur apprenne quel est, dans les pays étrangers, l'état des Sciences, des Lettres et des Arts, que tous les ouvrages curieux, que les instrumens, que les machines nouvelles qui les intéressent,

leur soient communiqués, après qu'ils auront été inscrits sur le cata-
logue de la collection à laquelle ils devront appartenir, et qu'un
nombre suffisant d'interprètes soit chargé de traduire ceux de ces
écrits dont on croira que les connoissances seront les plus utiles à
répandre. Ainsi organisées, les classes de l'Institut auront des rapports avec les divers établissemens qui seront analogues à leurs
travaux. Le Jardin des Plantes dépendra des classes de Botanique et
d'Agriculture; le Musæum, de celles d'Histoire Naturelle et d'Anatomie; les collections de machines, de celles de Mécanique et des
Arts; le cabinet de Physique appartiendroit à la classe de physique
expérimentale; l'école des Mines seroit dirigée conformément aux
vues de la classe de Chimie; les collections d'Antiques et de médailles le seroient par celle d'Histoire, et les galeries de tableaux, de
statues, de bustes et l'école gratuite de dessin le seroient par les
classes des Beaux-Arts: les Bibliothèques seroient une dépendance
commune à toutes les classes de l'Institut qui, formé de cette
manière, présenteroit une sorte d'Encyclopédie toujours étudiante et
toujours enseignante; et Paris (p.074) verroit dans ses murs le monument le plus complet et le plus magnifique qui jamais ait été élevé
aux Sciences.

Pour s'assurer que le choix des Membres et des Professeurs de
l'Institut seroit toujours déterminé par la justice, il seroit ordonné
aux classes qui auroient fait ou proposé ces élections, d'en rendre
publics les motifs, en les adressant à la Législature.

Encore quelques réflexions pour répondre à toutes les questions
qui pourroient être faites.

1°. Lorsque nous avons dit que les Professeurs de l'Institut national n'enseigneroient pas les élémens des sciences et des arts, mais
ce que leur étude offre de plus difficile et de plus élevé, nous avons
établi un principe général qui soutire quelques exceptions dans
notre plan. Ces exceptions ont lieu, lorsqu'il s'agit d'une science ou
d'un art qui n'est enseigné ni dans les Écoles primaires, ni dans
celles de District, ni dans celles de Département; et lorsqu'il importe
que cet enseignement se fasse d'une manière complette dans une
école qui, étant unique, nous a paru devoir être annexée à l'Institut.
Telles sont les classes des Beaux-Arts et celle d'Architecture, considérée sous le rapport de la construction.

2º. L'Architecture décorative est essentiellement liée aux Beaux-Arts parmi lesquels on la trouvera rangée dans notre tableau. Mais la réunion des moyens qui peuvent donner aux constructions de la stabilité, de la durée, et les rendre propres à remplir l'objet de leur destination, tient sur-tout aux sciences Mathématiques et Physiques. Il s'agit en effet dans ces divers travaux, ou de la science des formes, ou de celle de l'équilibre et du mouvement.

La science des formes comprend toutes les recherches géométriques au moyen desquelles on considère des corps, des surfaces et des lignes dans l'espace. La plupart de ces (p.075) dimensions n'étant point susceptibles d'être tracées sur une surface plane, il faut les représenter d'une manière artificielle, c'est-à-dire, par leur projection, et pouvoir, lorsqu'on les exécute, revenir des projections à la courbe réelle. Les personnes de l'art les plus instruites, conviennent qu'il n'existe point d'ouvrage complet sur cette matière tout-à-fait géométrique. Il est donc à désirer qu'elle devienne l'objet d'une étude suivie et celui d'un enseignement qui lui soit particulièrement destiné.

La science du mouvement et de l'équilibre, prise dans l'acception la plus étendue, peut être considérée comme la collection d'autant de sciences particulières qu'il y a d'objets principaux auxquels elle peut être appliquée. L'enseignement de la partie de la mécanique qui est relative à la construction, ne peut donc pas être confondu avec l'enseignement abstrait et indéterminé de la mécanique en général, et il faut que l'application en soit confiée à un homme très-versé dans ces deux genres d'étude.

Il sera facile aux Élèves de réunir les leçons sur la partie décorative à celles dont la classe de construction sera spécialement occupée. Ainsi l'espèce de séparation qu'offre notre tableau à l'article de l'Architecture, ne peut avoir aucun inconvénient réel, puisque, dans le fait, les étudians peuvent la regarder comme n'existant pas, et se conduire en conséquence.

3º. Deux chaires nous ont paru devoir suffire, vu l'état actuel des connoissances, pour l'enseignement de l'Agriculture: l'une comprendra tout ce qui a rapport aux eaux, aux terres, à leurs produits et aux animaux; l'autre, ce qui est relatif aux bâtimens et aux instrumens aratoires.

Ces chaires nous ont semblé devoir être établies dans les Villes, soit parce que l'Agriculture ne peut faire de grands (p.076) progrès sans le secours des autres sciences que l'on y cultive également, soit parce que les auditeurs que l'on peut espérer d'y avoir, seront plus en état d'entendre ces sortes de leçons, et d'en profiter. Ces auditeurs seront principalement des propriétaires aisés et instruits, dont le nombre va augmenter par le nouvel ordre de choses, et ceux qui se destinent aux fonctions curiales, qui, par la nature de leur ministère, peuvent mieux que tous autres propager des vérités agricoles.

Deux chaires d'économie rurale et domestique pourroient d'abord être établies au jardin des plantes. Une partie de ce jardin seroit destinée à la formation d'une École de botanique économique, en même-temps qu'un terrain, situé près de Paris et qui dépendroit du jardin des plantes, serviroit aux travaux combinés des classes de botanique et d'agriculture. Le Professeur feroit connoître les divers produits qu'on retire des végétaux que le laboureur cultive. Il auroit à sa disposition un local où seroient élevés des animaux domestiques; et les instrumens agraires seroient confiés à sa garde.

Il paroîtroit prudent de fonder d'abord ces deux chaires à Paris, et l'on jugeroit par leur succès s'il seroit convenable d'en établir de pareilles dans les principales villes du Royaume. Le Département de la Corse, dont le sol varié offre la réunion de tous les sites et de tous les climats, pourra former divers jardins d'essai pour la culture des végétaux qu'il seroit utile d'acclimater en France.

4°. La huitième classe de la section des sciences réunira les objets dont la Société de Médecine et l'Académie de Chirurgie ont fait jusqu'ici leur principale étude. Dorénavant ces deux établissemens n'en formeront qu'un. La classe qui résultera de leur réunion, aura besoin d'un hôpital où se feront les observations, et qui sera desservi, pour le traitement des (p.077) malades, par les membres mêmes de la classe dont il s'agit. Les nouvelles méthodes y seront tentées avec toute la prudence nécessaire; et les résultats des expériences qui auront été faites, seront toujours mis sous les yeux du public.

Les trois chaires que nous avons annexées à la classe de Médecine, diffèrent de celles qui font partie des Collèges. Deux de ces chaires sont relatives aux soins que demandent les hommes atteints d'épidémie et les animaux attaqués d'épizootie.

Le but de la troisième chaire est d'instruire dans l'art de secourir les hommes dont la vie est menacée par quelque danger pressant et imprévu. Telles sont les personnes noyées et asphyxiées, celles dont les membres sont gelés, celles qu'un animal enragé a mordues, etc., etc. A cet article se rapporteront les nombreux objets de salubrité publique, qui, considérés d'une manière expérimentale, doivent tous faire partie de cet enseignement. Nous proposons encore que ce Professeur soit chargé de faire chaque année un cours sur les maladies des artisans, comme celles auxquelles sont sujets les doreurs, chapeliers, peintres, mineurs, etc.

Ce que la classe de Médecine fera encore de très-utile sera de correspondre avec les Directoires sur tout ce qui concerne la santé du peuple, de recueillir l'histoire médicale des années et celle des maladies populaires, de faire connoître leur origine, leur accroissement, leur communication, leur nature, leurs changemens, leur fin, leur retour et la manière dont elles se succèdent. Ces annales seront un des plus beaux et des plus utiles ouvrages qu'aient exécuté les hommes.

5°. Que la médecine et la chirurgie des animaux doivent être réunies à la médecine humaine, c'est une proposition qui n'a besoin que d'être énoncée pour qu'on en reconnoisse (p.078) la vérité. Les grands principes de l'art de guérir ne changent point; leur application seule varie. Il faut donc qu'il n'y ait qu'un genre d'école, et qu'après y avoir établi les bases de la science, on cherche, par des travaux divers à en perfectionner toutes les parties. Ainsi, la classe de médecine s'occupera aussi du progrès de l'art vétérinaire, et les établissemens qui auront cet avancement pour objet, seront dirigés de manière qu'il lui soit facile de multiplier les essais qui tendront à ce but désirable.

6°. La Botanique a été jusqu'ici en France la seule partie de l'histoire naturelle pour laquelle on ait fondé des chaires et ordonné des voyages. La connoissance des animaux est cependant plus près de nous que celle des plantes. Les chaires que nous proposons d'annexer à la classe de Zoologie et d'Anatomie, sont d'une création tout-à-fait nouvelle. Nulle part on n'a encore démontré méthodiquement la structure tant extérieure qu'intérieure des nombreux individus qui composent le règne animal. Ces leçons ne seroient pas seulement curieuses; les produits d'un grand nombre d'animaux servent à la médecine et aux arts. Plusieurs sont venimeux, et les parties qui préparent ou qui communiquent le poison, sont importantes à connoître. Enfin, la comparaison des organes doit fournir des résultats nouveaux, des découvertes dont la physique animale saura faire son profit.

7º. Ce ne seront pas seulement les chaires nouvelles qui rendront l'Institut recommandable, ce seront encore celles qui, sans avoir tout-à-fait le mérite de la nouveauté, par des mesures bien concertées, deviendront infiniment plus utiles qu'elles ne l'étoient auparavant. Jusqu'à ce jour, nulle surveillance réelle n'a répondu de l'exactitude des professeurs: dans notre plan, chaque classe sera chargée du choix, et de l'inspection des maîtres qui lui appartiendront; (p.079) et lorsque plusieurs enseigneront la même partie comme les mathématiques, par exemple, ils se concerteront tellement entre eux, qu'en alternant, l'un commence lorsque l'autre finira. Ainsi les élèves trouveront chaque année un cours ouvert, et ils ne seront jamais retardés dans leurs études.

En réunissant ces chaires éparses à un point central, en y en ajoutant de nouvelles qui ne laissent sans enseignement aucune partie des lettres, des sciences et des arts, en faisant ainsi servir l'éducation publique à l'Institut national dont les leçons fourniront le complément, on fera tout ce qu'il est possible de faire pour le développement de l'esprit et le progrès des connoissances, et l'on rendra inébranlables les bases sur lesquelles se fonde et se perpétue la liberté publique.

Nous ajouterons que les dépenses nécessaires pour mouvoir cette immense machine, surpasseront à peine celles que le gouvernement a destinées jusqu'ici à l'entretien des divers établissemens auxquelles l'Institut doit réunir tant de créations nouvelles.

Des tableaux joints à ce rapport présentent la suite de nos idées sur l'enchaînement des connoissances humaines et sur les attributions que nous croyons devoir être faites aux sections et aux classes de l'Institut.

Voici l'ordre des tableaux annexés à ce rapport.

1º. Programme des sciences philosophiques, des belles-lettres et des beaux-arts.

2º. Programme des sciences mathématiques et physiques et des arts.

3º. Section première de l'Institut national, comprenant les (p.080) sciences philosophiques, les belles-lettres et les beaux-arts, divisée en dix classes. On y trouve le développement de tout ce qui est relatif aux six premières classes qui doivent tenir des séances communes.

4º. Tableau de la septième classe de la section première, comprenant la peinture et la sculpture.

5º. Tableau de la huitième classe de la section première, comprenant l'architecture décorative.

6º. Section seconde de l'Institut national, comprenant les sciences mathématiques et physiques et les arts mécaniques, divisée en dix classes. On y trouve le développement de tout ce qui est relatif aux six premières classes qui doivent tenir des séances communes.

7º. Tableau de la septième classe de la section seconde, comprenant l'agriculture.

8º. Tableau de la huitième classe de la section seconde, comprenant la médecine, la chirurgie et la pharmacie.

9º. Tableau de la neuvième classe de la section seconde, comprenant l'architecture sous le rapport de la construction.

Nota. Nous n'avons point présenté le tableau de plusieurs classes nouvelles, parce que ces classes n'étant que des dépendances de quelques-unes des sections de l'Institut, elles ne pourront être organisées qu'après qu'on aura pris connoissance des plans qui seront fournis par ces sections. C'est ainsi que la classe des arts ne sera formée qu'après avoir consulté la seconde section de l'Institut. (p.081)

MOYENS D'INSTRUCTION.

Nous venons de parcourir les divers objets qui composeront l'Instruction publique: et déjà l'on a dû voir qu'ils ne peuvent tous être placés, sur la même ligne; que plusieurs tiennent aux premières lois de la nature, applicables à toute société qui marche vers sa perfection; que d'autres sont une conséquence immédiate de la Constitution que la France vient de se donner; que d'autres enfin sont relatifs à l'état actuel, mais variable, des progrès et des besoins de l'esprit humain; d'où il résulte qu'ils ne doivent pas être indistinctement énoncés dans vos Décrets avec ce caractère d'immutabilité qui n'appartient qu'à un petit nombre.

Dans cette distribution d'objets on retrouve l'empreinte d'une Institution vraiment nationale, soit parce qu'ils seront déterminés et coordonnés conformément au vœu de la Nation, soit sur-tout parce qu'il n'en est aucun qui ne tende directement au véritable but d'une Nation libre, le bien commun né du perfectionnement accéléré de tous les individus; mais c'est particulièrement dans les moyens qui vont être mis en activité, que ce caractère national doit plus fortement s'exprimer.

A la tête de ces moyens doivent incontestablement être placés les Ministres de l'instruction. Nous nous garderons de chercher à les venger ici de ce dédain superbe et protecteur dont ils furent si long-temps outragés: une semblable réparation seroit elle-même un outrage; et certes il faudroit que l'esprit public (p.082) fût étrangement resté en arrière, si nous étions encore réduits à une telle nécessité. Sans doute, ceux qui dévouent à-la-fois et leur temps et leurs facultés au difficile emploi de former des hommes utiles, des citoyens vertueux, ont des droits au respect et à la reconnoissance de la Nation; mais, pour qu'ils soient ce qu'ils doivent être, il faut qu'ils parviennent à ces fonctions par un choix libre et sévère. Il convient donc qu'ils soient nommés par ceux-là même à qui le peuple a remis la surveillance de ses intérêts domestiques les plus chers, et que leurs relations journalières mettent plus à portée de connoître et d'apprécier les hommes dans leurs mœurs et dans leurs talens. Il faut que ce choix ne puisse jamais s'égarer: il importe donc qu'il soit dirigé d'avance par des règles qui, en circonscrivant le champ de l'éligibilité, rendront l'élection toujours bonne, toujours rassurante, et presque inévitablement la meilleure. Il faut, pour qu'ils se montrent toujours dignes de leurs places, qu'ils soient retenus par le danger de la perdre; il importe donc qu'elle ne soit pas déclarée inamovible. Mais il faut aussi, pour qu'ils s'y disposent courageusement par d'utiles travaux, qu'ils aient le droit de la regarder comme telle: il est donc nécessaire que leur déplacement soit soumis à des formalités qui ne soient jamais redoutables pour le mérite. Enfin, il faut que la considération, l'aisance et un repos honorable soient le prix et le terme de tels services: il est donc indispensable que la Nation leur prépare, leur assure ces avantages, dont la perspective doit les soutenir et les encourager dans cette noble, mais pénible carrière.

L'institution des Maîtres de l'enseignement, réglée suivant ces principes, offre la plus forte probabilité qu'il s'en suivra une multitude de bons choix; et cette probabilité ira de jour en jour en croissant: car, si les instituteurs sont destinés à (p.083) propager l'instruction, il est clair que l'instruction, à son tour, doit créer et multiplier les bons instituteurs.

Ce premier objet se trouveroit incomplet, si vous ne le réunissiez, dans votre surveillance, à ce qui concerne les ouvrages que le temps nous a transmis, et qu'on doit aussi regarder comme les Instituteurs du genre humain. Comment, pour le bien de l'instruction, rendre plus facilement et plus utilement communicatives toutes les richesses qu'ils renferment? Cette question appartient essentiellement à notre sujet; et, sous ce point de vue, l'organisation des bibliothèques nous a paru devoir être placée dans l'ordre de notre travail, à côté des Maîtres de l'enseignement.

Vous venez de recouvrer ces vastes dépôts des connoissances humaines. Cette multitude de livres perdus dans tant de monastères, mais, nous devons le dire, si savamment employés dans quelques-uns, ne sera point entre vos mains une conquête stérile; pour cela, non-seulement vous faciliterez l'accès des bons ouvrages, non-seulement vous abrégerez les recherches à ceux pour qui le temps est le seul patrimoine, mais vous hâterez aussi l'anéantissement si désirable de cette fausse et funeste opulence sous laquelle finiroit par succomber l'esprit humain. Une foule d'ouvrages, intéressans lorsqu'ils parurent, ne doivent être regardés maintenant que comme les efforts, les tatonnemens de l'esprit de l'homme se débattant dans la recherche de la solution d'un problème: par une dernière combinaison, le problème se résout; la solution seule reste; et dès-lors toutes les fausses combinaisons antérieures doivent disparoître: ce sont les ratures nombreuses d'un ouvrage, qui ne doivent plus importuner les yeux quand l'ouvrage est fini.

Donc chaque découverte, chaque vérité reconnue, chaque (p.084) méthode nouvelle devroit naturellement réduire le nombre des livres.

C'est pour remplir cette vue, et aussi pour rendre utilement accessibles les bons ouvrages à ceux qui veulent s'instruire, que doivent être ordonnés la distribution des bibliothèques, leur correspondance et les travaux analytiques de ceux par qui elles seront dirigées.

Ainsi chacun des quatre-vingt-trois Départemens possédera dans son sein une bibliothèque. Chacun d'eux, héritier naturel des bibliothèques monastiques, trouvera, dans la collection de ces livres, un premier fonds qu'il épurera, et qui s'enrichira chaque année tant par ses pertes que par ses acquisitions. Une distribution nouvelle rendra ces richesses utilement disponibles.

Paris offrira sur-tout le modèle d'une organisation complette.

Les plus savans bibliographes ont pensé que l'immense collection des livres que renferme Paris, pourroit être, pour le plus grand avantage de ceux qui cultivent l'étude, divisé en cinq classes; que chaque classe formeroit une bibliothèque, et que leur réunion fictive composeroit la bibliothèque nationale; que chacune de ces sections, sans manquer toutefois des livres élémentaires, des livres principaux, sur toutes les sciences qui doivent se trouver par tout, seroit spécialement affectée à une science, à une faculté en particulier; que par-là le service de la bibliothèque nationale deviendroit plus prompt, plus commode; que chacun, des préposés aux cinq sections, particulièrement attaché à une partie, le connoîtroit mieux, seroit plus en état de la classer, de la perfectionner, de l'analyser, de l'enrichir de tout ce qui lui manque, et sur-tout de diriger dans leurs études tous ceux qui auroient à faire des recherches particulières dans la faculté dominante de sa section. Ainsi, bibliothèque mieux fournie, bibliothécaire (p.085) plus instruit, par conséquent secours plus nombreux et plus expéditifs.

Mais on a pensé en même temps que cette distribution ne devoit se faire que sur les livres que nous fournissent les Communautés du Département de Paris; que la bibliothèque du Roi, regardée de tout temps comme nationale, étant déjà toute formée, toute organisée, devoit rester ce qu'elle est, et ne pas disperser ses richesses dans les diverses sections de la nouvelle bibliothèque; que même il étoit naturel qu'elle acquît ce qui lui manque dans les bibliothèques ecclésiastiques supprimées, ainsi que la bibliothèque de la Municipalité de Paris, qui, enrichie et complettée par ce moyen, pourroit servir de bibliothèque de Département.

La bibliothèque du Roi est le premier des dépôts. Il faut chercher à le perfectionner; il seroit déraisonnable de le dénaturer et de le détruire.

Quant aux bibliothèques des Départemens, chacune d'elles sera divisée, mais dans le même local, en cinq classes, pour correspondre plus facilement aux sections de la bibliothèque nationale existante à Paris.

Cette correspondance fournira les premiers matériaux à un journal d'un genre nouveau que vous devez encourager. Cet ouvrage, qui ne devra point être assujetti à une périodicité funeste à toutes les productions, aura un but philosophique et très-moral: destiné d'abord à faire connoître le nombre, la nature des livres ou manuscrits de chaque Département, à perfectionner leurs classifications, leurs sous-divisions, et à fixer les recherches inquiètes des savans, il offrira bientôt des notices analytiques sur tout ce que le temps commande d'abréger, des choix heureux, des simplifications savantes qui réduiront insensiblement à un petit nombre de volumes nécessaires ce que les travaux de chaque siècle ont (p.086) produit de plus intéressant; il disposera les matériaux de ce qui est incomplet, préparera les méthodes, apprendra ce qui est fait, ce qu'on ne doit plus chercher, nous dira combien chaque vérité, chaque découverte rend inutiles d'ouvrages, de portions d'ouvrages, et sur-tout hâtera leur anéantissement réel, d'abord en réduisant au plus petit nombre possible, c'est-à-dire, si l'on peut parler ainsi, à des individus uniques, cette foule d'ouvrages superflus, multipliés avec tant de profusion, et en livrant ensuite à la bienfaisante rigueur du temps le soin de détruire absolument l'espèce entière condamnée à ne plus se reproduire.

Peut-être même un tel journal pressera-t-il l'opinion publique au point qu'on regardera, non comme courageux, mais comme simple et raisonnable, de détruire tout à fait, d'époques en époques, une prodigieuse quantité d'ouvrages qui n'offriront plus rien, même à la curiosité, et qu'il seroit puéril de vouloir encore conserver.

L'esprit se soulage par l'espoir que cette multitude immense de productions tant de fois répétées par l'art, et qui n'auroit jamais dû exister, du moins n'existera pas toujours; qu'enfin les livres qui ont fait tant de bien aux hommes, ne sont pas destinés à leur faire un jour la guerre et au physique et au moral. Or, c'est évidement du sein des bibliothèques que doit sortir le moyen d'en accélérer la destruction.

Avant de terminer cet article, vous désirez sans doute savoir par approximation à quoi s'élève sur cet objet la nouvelle richesse nationale.

Les relevés faits sur les inventaires des établissemens ecclésiastiques et religieux, au nombre de quatre mille cinq cents maisons ou à-peu-près, annoncent quatre millions cent quatre-vingt-quatorze mille quatre cent-douze volumes, (p.087) dont près de vingt-six mille manuscrits. Sur ce nombre, la ville de Paris fournit huit cent huit mille cent-vingt volumes. On a remarqué qu'environ un cinquième étoit dépareillé, ou de nulle valeur. On évalue donc en général le nombre des volumes qui forme des ouvrages complets à trois millions deux cent mille, sur lesquels environ six cent quarante mille à Paris. Il est vrai aussi que certains livres y sont répétés trois, six, et neuf mille fois, et qu'il n'y a qu'environ cent mille articles différens. Enfin, dans ce nombre de trois millions deux cent mille se trouvent à-peu-près deux millions de volumes de théologie.

Les deux premiers moyens d'instruction que nous venons de parcourir, se fortifieront de ceux qui doivent naître des encouragemens, des récompenses, et sur-tout des méthodes nouvelles.

Les encouragemens connus sous le nom de bourses offrent quelques points de discussion. Tout ce qui les concerne se trouve renfermé dans les questions suivantes, qu'il est indispensable de résoudre.

Quel doit être l'emploi des nombreuses fondations de ce genre qui existent particulièrement à Paris?

Au profit de qui et par qui doivent-elles être employées?

Faut-il en établir, et à l'aide de quels moyens, dans les lieux où il n'en existe pas?

Enfin quelles règles à observer dans leur distribution?

Les principes sur les fondations sont connus. Ce qui a été donné pour un établissement public, a été remis à la Nation qui en est devenue la vraie dispensatrice, la vraie propriétaire, sous la condition d'accorder en tout temps l'intention du donateur avec l'utilité générale. L'Assemblée Nationale peut donc, en se soumettant à ce principe, disposer du domaine (p.088) de l'instruction, comme aussi des fonds de la charité publique. Mais, dans un objet de cette importance, il ne faut point d'opération hazardeuse. L'espoir du mieux ne permet de rien compromettre: on doit uniquement s'occuper ici de conserver et d'appliquer. Il faut donc garder soigneusement à l'instruction tout ce qui lui fut primitivement consacré; car c'est au moment où elle s'aggrandit que les secours lui deviennent plus nécessaires. Il faut que les bourses existantes à Paris soient appliquées à Paris, non-seulement parce que c'est le vœu des fondateurs, mais parce que les fonds sur lesquels sont établies ces bourses, existent presque tous dans la ville même de Paris, et parce que c'est aussi le seul moyen d'en faire jouir complettement et plus utilement, même tous les Départemens du Royaume.

Cette dernière raison résout la seconde question sur les bourses.

Au profit de qui et par qui doivent-elles être accordées?

La plupart ont été fondées pour des provinces qui n'existent plus, pour des classes privilégiées qui n'existent pas davantage. Cette intention littérale ne peut donc être remplie. Mais elles l'ont été toutes pour l'encouragement du talent, pour le soulagement de l'infortune, et, en dernier résultat, pour le plus grand bien public. Or cette intention, la seule qui doit survivre à tout, sera parfaitement acquittée, lorsqu'il aura été décidé qu'elles seront réparties proportionnellement entre tous les Départemens, et que chacun d'entre eux aura le droit de nommer et d'envoyer à Paris, pour jouir de ce bienfait, le nombre de sujets qui lui seront désignés par ce partage.

Mais doit-on, et par quels moyens établir ce genre d'encouragement dans les lieux où il n'existe pas?

Il est clair que les moyens gratuits d'instruction ne doivent (p.089) pas être concentrés exclusivement dans la Capitale; que la justice et toutes les convenances demandent que, dans chaque Département, l'instruction soit aussi complette qu'elle peut l'être. Cependant, comment y faire parcourir tous les degrés d'instruction à ceux que leur détresse met dans l'impossibilité d'en acquitter les frais, tandis que leurs dispositions les y appellent? Au moment de la révision de notre code constitutionnel, vous avez fortement exprimé votre vœu à cet égard: vous avez pensé qu'il étoit du devoir de l'Assemblée d'acquitter cette dette de la Nation. Nous vous proposerons donc d'établir, de fixer dans chaque Département un certain nombre de bourses qui seront acquittées et appliquées là, et dont la distribution, dans les différentes Écoles, sera confiée aux diverses Administrations. Ce moyen ne tardera pas à s'étendre, à s'aggrandir: il se fortifiera sur-tout, nous n'en doutons point, par de nombreuses souscriptions volontaires; ces mouvemens spontanés des peuples libres qui, associant l'homme à tout ce qui s'élève d'utile autour de lui, vont le porter vers cette multitude d'établissemens nouveaux où tous les vœux d'une bienfaisance éclairée trouveront à se satisfaire.

Quant aux règles de la distribution, elles sont simples. Chaque Administration municipale, surveillant les écoles de son arrondissement, puisera dans chacune d'elles, par une communication fréquente, des notions précises sur les titres effectifs de tous ceux qui aspireront à ce bienfait. Ces notions seront transmises par les Municipalités aux Districts, par les Districts aux Départemens qui, les réunissant toutes et combinant ensemble les dispositions, la conduite et les moyens de fortune, pourront discerner ceux qui mériteront la préférence, ou, dans le cas presque chimérique d'un doute absolu, ordonneront une dernière épreuve entre les concurrens. Cette méthode (p.090) que l'expérience perfectionnera, nous a paru préférable à un concours qui seroit toujours et exclusivement décisif, à cette épreuve incertaine où la timidité a fait souvent échouer des talens véritables, où la médiocrité hardie a obtenu tant d'avantages. Ce dernier moyen qui appelle toute l'attention des juges sur un seul instant, sur un seul ouvrage, peut être conservé dans la carrière des arts et pour la solution des grands problèmes des sciences; car ici tout le talent que l'on veut récompenser peut se montrer dans une seule composition. Mais, lorsqu'il est moins question de talent que de dispositions, lorsqu'on à moins à récompenser ce qui est fait, qu'à encourager ce qui peut se faire, lorsque les dispositions sont encore vagues et n'ont pu se fixer sur un seul objet, il est parfaitement raisonnable de ne pas s'arrêter à un moment, à une production qui peut n'être qu'un heureux hazard, et il faut alors se déterminer sur les indications de toute une année, qui rarement seront trompeuses.

Si la Société doit ce genre d'encouragement aux simples espérances que donnent des dispositions marquées, elle semble devoir davantage à ce que le talent produit de réel et d'utile, à tous les succès par lesquels il se distingue. C'est dans le trésor de l'opinion que résident sur-tout les moyens précieux d'acquitter cette dette. — On sait ce que dans tous les temps les récompenses, connues sous le nom de prix, ont produit chez les peuples libres: quelle ne sera pas leur puissance chez une Nation vive, enthousiaste, avide de toutes les sortes de gloire?

Ils seront offerts à tous les âges: tous doivent les ambitionner. Le premier âge, parce qu'il est plus sensible à la louange, qu'heureusement, elle l'étonne, et qu'elle ne corrompt pas encore ses actions; l'âge de la raison, parce qu'il sent plus profondément les outrages de l'envie, et qu'il a (p.091) besoin de trouver hors de lui et dans un témoignage irrécusable, un réparateur des injustices individuelles.

Long-temps le mot de prix et toutes les idées qu'il réveille, ont été relégués dans le dictionnaire de l'enfance, et ont paru y prendre une sorte de caractère de puérilité; ce préjugé achevera de se dissiper à votre voix. C'est elle, c'est la voix de la Nation qui, invoquant et fixant l'opinion, provoquera les efforts, se servira de l'amour-propre et de l'imagination de l'homme pour le conduire à la véritable gloire par les routes du bien public, tantôt désignant le but aux recherches du talent, tantôt le livrant à lui-même et se confiant à sa marche, toujours montrant la récompense inséparable du succès. Depuis l'Élève des Écoles Primaires jusqu'au Philosophe destiné à aggrandir le domaine de la raison, quiconque, dans les productions recommandées à son talent, aura dépassé ses rivaux, aura atteint le but, aura osé quelquefois le franchir, recevra, dans un témoignage éclatant, la juste récompense de ses efforts.

Il faut que tout ce qui est mieux, que tout ce qui est plus utile, soit désormais à l'abri de l'indifférence et de l'oubli; mais cette première récompense du talent doit être simple, pure, modeste comme lui: une branche, une inscription, une médaille, tout ce qui annonce qu'on n'a pas cru le payer, tout ce qui, respectant sa délicatesse dans le choix même du prix, semble laisser à l'estime et à la confiance individuelle le droit et le devoir d'acquitter chaque jour davantage la dette de la Nation. Voilà ce qu'il convient d'offrir d'abord au talent.

C'est sur ce principe que doivent être distribués les prix dans toutes les parties du Royaume. Chaque lieu choisira le moment le plus solennel pour honorer le triomphe du talent. Ce jour sera partout un jour de fête, et tous ceux que le choix du peuple aura revêtus d'une fonction, devront y assister (p.092) comme étant les organes les plus immédiats de la reconnoissance publique.

On ne peut parcourir les moyens d'instruction, sans s'arrêter particulièrement aux méthodes, ces véritables instrumens des sciences qui sont pour les Instituteurs eux-mêmes, ce que ceux-ci sont pour les Élèves. C'est à elles en effet à les conduire dans les véritables routes, à applanir pour eux, à abréger le chemin difficile de l'instruction. Non-seulement elles sont nécessaires aux esprits communs; le génie le plus créateur lui-même en reçoit d'incalculables secours, et leur a dû souvent ses plus hautes conceptions: car elles l'aident à franchir tous les intervalles; et en le conduisant rapidement aux limites de ce qui est connu, elles lui laissent toute sa force pour s'élancer au-delà. Enfin pour apprécier d'un mot les méthodes, il suffira de dire que la science la plus hardie, la plus vaste dans ses applications, l'algèbre n'est elle-même qu'une méthode inventée par le génie, pour économiser le temps et les forces de l'esprit humain. Il est donc essentiel de présenter quelques vues sur ce grand moyen d'instruction. Sans doute que l'infatigable activité des esprits supérieurs, encouragée et fortement secondée par la libre circulation des idées, se portera d'elle-même vers cet objet où tant de découvertes sont encore à faire; mais il faut, autant qu'il est en nous, épargner d'inutiles efforts; il faut nous aider en ce moment de tout ce que le génie de la Philosophie a pu nous transmettre, afin de presser et d'assurer la marche de l'esprit humain. En un mot, nous avons marqué le but de l'instruction; il nous reste à marquer, à indiquer du moins les principales routes, et à fermer sans retour celles qui si long-temps n'ont servi qu'à égarer les hommes.

Pour ne point se perdre dans cet immense sujet, nos méditations se sont portées, bien moins sur les sciences en particulier (p.093) que sur le principe et la fin de toutes les sciences; car c'est-là sur-tout qu'il faut appeler en ce moment les efforts du talent et les idées créatrices de tous les propagateurs de la vérité.

L'homme est un être raisonnable, ou plus exactement peut-être, il est destiné à le devenir; il faut lui apprendre à penser: il est un être social; il faut lui apprendre à communiquer sa pensée: il est un être moral; il faut lui apprendre à faire le bien. Comment l'aider à remplir cette triple destinée? Par quels moyens parviendra-t-on à étendre et perfectionner la raison, à faciliter la communication des idées, à applanir les difficultés de la morale? De telles recherches sont dignes de notre époque. Voici quelques apperçus, peut-être quelques résultats que nous confions à l'attention publique.

La raison, cette partie essentielle de l'homme, qui le distingue de tout ce qui n'est pas lui, est néanmoins dans une telle dépendance de son organisation et des impressions qu'il reçoit, qu'elle paroît presque tenir le dehors son existence en même temps que son développement. Il faut donc surveiller ces impressions premières, auxquelles sont comme attachées et la nature et la dignité réelle de l'homme.

Et d'abord, qu'il soit prescrit de bannir du nouvel enseignement tout ce qui jadis n'étoit visiblement propre qu'à corrompre, qu'à enchaîner cette première faculté; et les superstitions de tout genre dont on l'effrayoit, et qui exerçoient sur elle et contre elle un si terrible empire long-temps encore après que la réflexion les avoit dissipées; et toutes ces nomenclatures stériles qui, n'étant jamais l'expression d'une idée sentie, étoient à-la-fois une surcharge pour la mémoire, une entrave pour la raison; et ce mode bizarre d'enseignement où les connoissances étant classées, étant prisées dans un rapport inverse avec leur utilité réelle, servoient bien plus à dérouter, à tromper la raison qu'à l'éclairer; et ces méthodes gothiques qui, convertissant (p.094) obstacles jusqu'aux règles destinées à accélérer sa marche, la faisoient presque toujours rétrograder. Il est temps de briser toutes ces chaînes: il est temps que l'on rende à la raison son courage, son activité, sa native énergie, afin que, libre de tant d'obstacles, elle puisse rapidement et sans détour avancer dans la carrière qui s'ouvre et s'aggrandit sans cesse pour elle. C'est par vous qu'elle retrouvera sa liberté; c'est par les méthodes qu'elle en recueillera promptement les avantages.

Sans doute qu'il existera toujours des différences entre la raison d'un homme et celle d'un autre homme: ainsi l'a voulu la nature; mais la raison de chacun sera tout ce qu'elle peut être: ainsi le veut la Société.

Cependant comment tracer des méthodes à la raison? Comment ouvrir une route commune à tant de raisons diverses? Comment faire parvenir à chacune de ces raisons la part de richesses intellectuelles à laquelle chacune peut et doit prétendre. De tels objets réunis échapperoient peut-être à des méthodes générales. Je veux en ce moment me borner à ce qui importe le plus à la perfectibilité de l'homme, c'est-à-dire, aux moyens de donner à la raison de chaque individu toute la force et toute la rectitude dont elle est susceptible.

La force de la raison dépend particulièrement de la mesure d'attention qu'on est en état d'appliquer à l'objet dont on s'occupe; peut-être même n'est-elle que cela; car c'est par elle que la raison d'un homme se montre toujours supérieure à celle d'un autre homme. L'attention est une disposition acquise par laquelle l'âme parvient à échapper aux écarts de l'imagination, à se soustraire aux importunités de la mémoire, et enfin à se commander à elle-même pour recueillir à son gré toutes ses forces. C'est alors que l'intelligence peut s'élever jusqu'à son plus haut degré d'énergie, que la pensée crée d'autres pensées, et que des idées fugitives et comme inapperçues se réunissent (p.095) et deviennent tout-à-coup productives. Mais l'attention n'est une marque d'étendue et de supériorité qu'autant que l'esprit peut, en quelque sorte, la prendre à sa volonté, et la transporter toute entière d'un objet à un autre.

Tel est donc le but auquel il faut tendre dans l'instruction destinée à la jeunesse: il faut, par tout ce qui peut influer sur ses habitudes, l'accoutumer à maîtriser sa pensée, à retenir ou rappeller à son gré ce regard si mobile de l'âme; lui montrer dans cet effort sur soi, dans cette refrénation intérieure, le principe de tous les genres de succès, la source des plus belles jouissances de l'esprit. Il faut enfin faire sortir de son intérêt présent, de ses affections même les plus impétueuses, le désir persévérant de se commander en quelque sorte pour en devenir plus libre.

Cet apperçu indiqueroit peut-être la théorie qu'exige cette partie de l'enseignement; mais le problème reste encore pour nous tout entier à résoudre.

Quelle est l'indication précise et complette des moyens propres à apprendre à tous les hommes à se rendre maîtres de leur attention?

Un tel problème mérite d'être recommandé à tous ceux qui sont dignes de concourir à l'avancement de la raison humaine.

La rectitude de la raison tient à d'autres causes; et néanmoins l'attention qui est le principe de sa force, est un grand acheminement vers cette rectitude: car la disposition de l'âme qui permet d'observer long-temps un objet, doit être nécessairement un des premiers moyens pour apprendre à le bien voir. Mais il faut aider ce moyen; il faut, par des procédés bien éprouvés, assurer à la raison et lui conserver cette habitude de voir sans effort ce qui est, et cette constante direction vers la vérité qui alors devient la passion dominante et souvent exclusive de l'âme. En nous élevant jusqu'à la hauteur des méthodes les plus générales, il nous a semblé (p.096) que, pour atteindre à ce but, il importoit souverainement d'intéresser en quelque sorte la conscience des élèves à la recherche de tout ce qui est vrai: (la vérité est en effet la morale de l'esprit, comme la justice est la morale du cœur). Il importe non moins vivement d'intéresser leur curiosité, leur ardente émulation, en les faisant comme assister à la création des diverses connoissances dont on veut les enrichir, et en les aidant à partager sur chacune d'elles la gloire même des inventeurs: car ce qui est du domaine de la raison universelle ne doit pas être uniquement, offert à la mémoire; c'est à la raison de chaque individu à s'en emparer: il est mille fois prouvé qu'on ne sait réellement, qu'on ne voit clairement que ce qu'on découvre, ce qu'on invente en quelque sorte soi-même. Hors de là, l'idée qui nous arrive, peut être en nous; mais elle n'est pas à nous; mais elle ne fait pas partie de nous: c'est une plante étrangère qui ne peut jamais prendre racine. Que faut-il donc? Recommander par dessus tout l'usage de l'analyse qui réduit un objet quelconque à ses véritables élémens, et de la synthèse qui le recompose ensuite avec eux. Par cette double opération qui recèle peut-être tout le secret de l'esprit humain, à qui nous devons les plus savantes combinaisons de la métaphysique, et par là les principes de toutes les sciences, on parvient à voir tout ce qui est dans un objet, et à ne voir que ce qui y est: on ne reçoit point, une idée; on l'acquiert: on ne voit jamais trouble; on voit juste, ou l'on ne voit rien. Que faut-il encore? L'application fréquente et presque habituelle de la méthode rigide des mathématiciens, de cette méthode qui, écartant tout ce qui ne sert qu'à distraire l'esprit, marche droit et rapidement à son but, s'appuie sur ce qui est parfaitement connu pour arriver sûrement à ce qui ne l'est pas, ne dédaigne aucun obstacle, ne franchit aucun intervalle, s'arrête à ce qui ne peut être entendu, consent à ignorer, (p.097) jamais à savoir mal; et présente le moyen, si non de découvrir toujours la vérité d'un principe, du moins d'arriver avec certitude jusqu'à ses dernières conséquences. Cette méthode est applicable à plus d'objets qu'on ne pense, et c'est un grand service à rendre à l'esprit humain que de l'étendre sur tous ceux qui en sont susceptibles. Ainsi, nouveau problème à résoudre.

Comment appliquer l'esprit d'analyse et la méthode rigoureuse des mathématiciens aux divers objets des connoissances humaines?

C'est encore ici à la Nation à interroger, et c'est au temps à nous montrer celui qui sera digne d'apporter la réponse à cette question.

Au don de penser succède rapidement le don de communiquer ce qu'on pense; ou plutôt l'un est tellement enchaîné à l'autre, qu'on ne peut les concevoir séparés que par abstraction. De cette vérité rendue particulièrement sensible de nos jours, il suit que tout ce qui augmente les produits de la pensée, agit simultanément sur le signe qui l'accompagne, comme aussi que le signe perfectionné accroît, enrichit et féconde à son tour la pensée; mais cette conséquence incontestable et purement intellectuelle ne doit pas nous suffire; et ici s'offrent à l'esprit d'intéressantes questions à discuter.

Une singularité frappante de l'état dont nous nous sommes affranchis, est sans doute que la langue nationale, qui chaque jour étendoit ses conquêtes au-delà des limites de la France, soit restée au milieu de nous comme inaccessible à un si grand nombre de ses habitans, et que le premier lien de communication ait pu paroître pour plusieurs de nos contrées une barrière insurmontable. Une telle bizarrerie doit, il est vrai, son existence à diverses causes agissant fortuitement et sans (p.098) dessein; mais c'est avec réflexion, c'est avec suite que les effets en ont été tournés contre les peuples. Les Écoles primaires vont mettre fin à cette étrange inégalité: la langue de la Constitution et des lois y sera enseignée à tous; et cette foule de dialectes corrompus, derniers restes de la féodalité sera contrainte de disparoître: la force des choses le commande. Pour parvenir à ce but, à peine est il besoin d'indiquer des méthodes: la meilleure de toutes pour enseigner une langue dans le premier âge de la raison, doit en effet se rapprocher de celle qu'un instinct universel a suggérée pour montrer à l'enfance de tous les pays le premier langage qu'elle emploie; elle doit n'être qu'une espèce de routine, raisonnée, il est vrai, et éclairée par degrés, mais nullement précédée des règles de la grammaire: car ces règles, qui sont des résultats démontrés pour celui qui sait déjà les langues et qui les a méditées, ne peuvent en aucune manière être des moyens de les savoir pour celui qui les ignore: elles sont des conséquences; on ne peut, sans faire violence à la raison, les lui présenter comme des principes.

Mais si l'on peut laisser au cours naturel des idées le soin de rendre universelle parmi nous une langue dont chaque instant rappellera le besoin, on ne doit pas confier au hazard le moyen de la perfectionner. La langue françoise, comme toutes les autres, a subi d'innombrables variations auxquelles le caprice et des rencontres irréfléchies ont eu bien plus de part que la raison: elle a acquis, elle a perdu, elle a retrouvé une foule de mots. D'abord stérile et incomplette, elle s'est chargée successivement d'abstractions, de composés, de dérivés, de débris poëtiques. Pour bien apprécier les richesses qu'elle possède et celles qui lui manquent, il faut avant tout se faire une idée juste de son état actuel; il faut montrer à celui dont on veut éclairer la raison par le langage, quel a été le sens (p.099) primitif de chaque mot, comment il s'est altéré, par quelle succession d'idées on est parvenu à détacher d'un sujet ses qualités pour en former un mot abstrait qui ne doit son existence qu'à une hardiesse de l'esprit; il faut rappeler le figuré à son sens propre, le composé au simple, le dérivé à son primitif; par-là tout est clair; il règne un accord parfait entre l'idée et son signe, et chaque mot devient une image pure et fidèle de la pensée.

Ici commence le perfectionnement de la langue. Et d'abord la ré-volution a valu à notre idiome une multitude de créations qui sub-sisteront à jamais, puisqu'elles expriment ou réveillent des idées d'un intérêt qui ne peut périr; et la langue politique existera enfin parmi nous; mais, plus les idées sont grandes et fortes, plus il im-porte que l'on attache un sens précis et uniforme aux signes destinés à les transmettre; car de funestes erreurs peuvent naître d'une sim-ple équivoque. Il est donc digne des bons citoyens, autant que des bons esprits, de ceux qui s'intéressent à la fois au règne de la paix et au progrès de la raison, de concourir par leurs efforts à écarter des mots de la langue françoise, ces significations vagues et indé-terminées, si commodes pour l'ignorance et la mauvaise foi, et qui semblent receler des armes toutes prêtes pour la malveillance et l'injustice. Ce problème très-philosophique et qu'il faut généraliser le plus possible, demande du temps, une forte analyse et l'appui de l'opinion publique pour être complettement résolu. Il n'est pas in-digne de l'Assemblée Nationale d'en encourager la solution.

Un tel problème, auquel la création et le danger accidentel de quelques mots nous ont naturellement conduits, s'est lié dans notre esprit à une autre vue. Si la langue françoise a conquis de nouveaux signes, et s'il importe que le sens en (p.100) soit bien déterminé, il faut en même-temps qu'elle se délivre de cette surcharge de mots qui l'appauvrissoient et souvent la dégradoient. La vraie richesse d'une langue consiste à pouvoir exprimer tout avec force, avec clarté, mais avec peu de signes. Il faut donc que les anciennes formes obséquieuses, ces précautions timides de la foiblesse, ces souplesses d'un langage détourné qui sembloit craindre que la véri-té ne se montrât toute entière, tout ce luxe imposteur et servile qui accusoit noire misère, se perde dans un langage simple, fier et rapide; car là où la pensée est libre, la langue doit devenir prompte et franche, et la pudeur seule a le droit d'y conserver ses voiles.

Qu'on ne nous accuse pas toutefois de vouloir ici calomnier une langue qui, dans son état actuel, s'est immortalisée par des chefs-d'œuvres. Sans doute que par-tout les hommes de génie ont subju-gué les idiomes les plus rebelles, ou plutôt par-tout ils ont su se créer un idiome à part; mais il a fallu tout le courage, toute l'audace de leur talent, et la langue usuelle n'en a pas moins conservé parmi nous l'empreinte de notre foiblesse et de nos préjugés. Il est juste, il est constitutionnel que ce ne soit plus désormais le privilège de quelques hommes extraordinaires de la parler dignement; que la raison la plus commune ait aussi le droit et la facilité de s'énoncer avec noblesse; que la langue françoise s'épure à tel point, qu'on ne puisse plus désormais prétendre à l'éloquence sans idées, comme il ne sera plus permis d'aspirer à une place sans talens; qu'en un mot, elle reçoive pour tous un nouveau caractère et se retrempe en quelque sorte dans la liberté et dans l'égalité. C'est vers ce but non moins philosophique que national que doit se porter une partie des travaux des nouveaux Instituteurs.

Un Ministre immortel dans les annales du despotisme ne (p.101) jugea pas indifférent à sa gloire, et sur-tout à ses vues, de réserver une partie de ses soins au progrès et à ce qu'il nommoit le perfectionnement de la langue françoise: en cela il voyoit profondément et juste. L'Assemblée Nationale, qui certes connoît et connoît bien autrement la puissance de la parole, qui sait combien les signes ont d'empire, ou plutôt d'action sur les idées et par elles sur les habitudes qu'elle veut faire naître ou affermir, et qui désire que la raison publique trouve sans cesse dans la langue nationale un instrument vigoureux qui la seconde et ne la contrarie jamais, sentira sans doute aussi, mais dans des vues bien différentes, combien un tel objet importe à l'intérêt et à la gloire de la Nation. Ainsi:

Notre langue a perdu un grand nombre de mots énergiques qu'un goût, plutôt foible que délicat, a proscrits; il faut les lui rendre: les langues anciennes et quelques-unes d'entre les modernes sont riches d'expressions fortes, de tournures hardies qui conviennent parfaitement à nos nouvelles mœurs; il faut s'en emparer; la langue françoise est embarrassée de mots louches et synonymiques, de constructions timides et traînantes, de locutions oiseuses et serviles; il faut l'en affranchir. Voilà le problème complet à résoudre.

Si la langue nationale est le premier des moyens de communication qu'il importe de cultiver, l'enseignement simultané des autres langues, de celles sur-tout qui nous ont transmis des modèles immortels, est un moyen auxiliaire et puissant qu'il seroit coupable de négliger: car, sans parler des beautés qu'elles nous apportent et qui expirent dans les traductions, on ne doit pas perdre de vue que, par leur seul rapprochement, les langues s'éclairent et s'enrichissent;

que, surveillées en quelque sorte l'une par l'autre, elles s'avertissent de leurs défauts, se prêtent mutuellement des images; qu'elles fortifient, par leur contraste, par leur opposition même, les (p.102) facultés intellectuelles de celui qui les réunit. L'idée qui nous appartient sous divers signes, est en effet bien plus profondément en nous, bien plus intimement à nous: c'est une propriété dont à peine nous soupçonnions d'abord l'existence, et qui reçoit une nouvelle garantie et comme un nouveau titre de chacun des témoins nouveaux qui la constatent.

Cette action mutuelle des langues qui, s'épurant ainsi l'une par l'autre, concourent par leur influence réciproque à imprimer à la pensée un nouveau degré de force et clarté, a dû insensiblement élever l'écrit jusqu'à l'idée d'une langue commune et universelle, qui, née en partie du débris des autres, trouveroit, soit en elles, soit hors d'elles, les élémens les plus analogues avec toutes nos sensations, et par-là deviendroit nécessairement la langue humaine. Il paroît que cette idée, ou plutôt une idée semblable, a occupé quelque temps un des plus grands Philosophes du dernier siècle: il sembloit à Leibnitz, que pour hâter les progrès de la raison, on devoit chercher, non à vaincre successivement, mais à briser à-la-fois tous les obstacles qui empêchent ou retardent la libre communication des esprits; que, dans l'impossibilité d'apprendre cette multitude d'idiomes disparates qui les séparent, il falloit en former ou en adopter un qui fût en quelque sorte le point central, le rendez-vous commun de toutes les idées, en un mot, qui devînt pour la pensée ce que l'algèbre est pour les calculs. Une telle vue a dû étonner par sa hardiesse, et l'on n'a pas tardé à la ranger dans la classe des chimères: il faudroit en effet que les nouveaux signes universellement adoptés, fussent une image tellement sensible de nos idées, qu'attiré ou ramené vers eux comme par enchantement, le genre humain s'étonnât d'en avoir, jusqu'à ce jour, adopté d'autres, qu'ils fussent en un mot presque aussi clairement représentatifs de la pensée, que l'or et l'argent le sont de la (p.103) richesse. Or de tels signes sont-ils dans la nature? Peuvent-ils exister pour toutes les idées?

Gardons-nous pourtant de fixer trop précipitamment le terme où doivent s'arrêter sur de semblables questions les recherches de l'esprit humain: car, si dans toute l'étendue que présente ce problème, on est en droit de le regarder comme insoluble, il est cependant permis de penser que les efforts, même impuissans pour les résoudre, ne seraient pas tout-à-fait perdus, et que chaque pas que l'on feroit dans cette recherche, dût le terme se reculer sans cesse, chaque découverte, dans cette région presque idéale, apporteroit quelques richesses à la langue, quelques moyens nouveaux à la raison.

Déjà des hommes, inspirés par le génie de l'humanité, ont presque atteint la solution de ce hardi problème. On les a vus, pour consoler les êtres affligés que la nature a déshérités d'un sens, inventer de nos jours et perfectionner rapidement cette langue des signes qui est l'image vivante de la pensée, dont tous les élémens sensibles à l'œil ne laissent appercevoir rien d'arbitraire, par qui les idées même les plus abstraites deviennent presque visibles, et qui, dans sa décomposition, simple à la fois et savante, présente la véritable grammaire, non des mots, mais des idées. Une telle langue rempliroit toutes les conditions du problème, si par elle, comme par la parole écrite, on parvenoit à transmettre la pensée à des distances indéfinies; mais jusqu'à présent, on n'a pu que la parler et non l'écrire; et ceux qui la possèdent le mieux, sont réduits, pour se faire entendre de loin, à la traduire en une des langues usuelles. Jusqu'à ce qu'on ait trouvé le moyen de la transcrire, au lieu de la traduire, elle restera donc à la vérité une des plus belles, une des plus utiles inventions des hommes: elle sera peut-être la première des méthodes pour rendre l'esprit parfaitement analytique, pour le prémunir (p.104) contre une multitude d'erreurs qu'il doit à l'imperfection de nos signes, pour corriger enfin les vices innombrables de nos grammaires. Sous ces points de vue, elle ne pourra être ni trop méditée, ni trop fortement encouragée; mais elle ne sera point, encore une langue universelle.

Ces réflexions sur les langues, les divers points de vue sous lesquels nous avons considéré ce sujet fécond, et enfin les problèmes proposés ou indiqués, nous paroissent devoir remplir l'objet de cet article, celui de préparer et d'assurer un jour à la raison tous les moyens de communication qu'elle peut désirer.

Ce n'est pas assez d'apprendre à penser à l'être raisonnable, d'apprendre à communiquer sa pensée à l'être social, il faut particulièrement apprendre à faire le bien à l'être moral.

Faire le bien, le faire chaque jour mieux par un plus grand nombre de motifs et avec moins d'efforts, c'est là que tout doit tendre dans une association quelconque. Hors de là, rien n'est à sa place, rien ne marche à son but. Ainsi les méthodes pour apprendre à communiquer ce qu'on pense, ne doivent elles-mêmes être réputées que des moyens indirects pour atteindre jusqu'à la morale, qui est le dernier résultat de toute société: car les désordres ne sont, bien souvent, que des erreurs de la pensée, et souvent aussi les habitudes vertueuses que le résultat naturel de la communication des esprits.

Mais ces moyens éloignés réclament l'appui des méthodes particulières et directes.

Avant de les présenter, défendons-nous de séparer ici, comme tant de fois on a osé le faire, la morale publique de la morale privée. Cette charlatanerie de la corruption est une insulte aux mœurs: quoiqu'il soit vrai que les rapports changent avec les personnes et les événemens, il est incontestable que le principe moral reste toujours le même, sans (p.105) quoi il n'existeroit point. On peut bien, on doit même appliquer diversement les règles de la justice; mais il n'y a point deux manières d'être juste; mais il est absurde de penser qu'il puisse y avoir deux justices.

Pour arriver à l'exacte définition de la morale, il faut la chercher dans le rapprochement des idées que le commun des hommes, livrés ou rendus à eux-mêmes, ont constamment attachées à ce mot. Celle qui paroît les comprendre toutes, et qu'indique un instinct général autant que la raison, présente à l'esprit l'art de faire le plus de bien possible à ceux avec qui l'on est en relation, sans blesser les droits de personne. Si les relations sont peu étendues, la morale réveille l'idée des vertus domestiques et privées: elle prend le nom de patriotisme, lorsque ces relations s'étendent sur la Société entière dont on fait partie; enfin, elle s'élève jusqu'à l'humanité, à la philantropie, lorsqu'elles embrassent le genre humain. Dans tous les cas, elle comprend la justice qui sent, respecte, chérit les droits de tous; la bonté qui s'unit par un sentiment vrai au bien ou au mal d'autrui; le courage qui donne la force d'exécuter constamment ce qu'inspirent la bonté et la justice; enfin ce degré d'instruction qui, éclairant les premiers mouvemens de l'âme, nous montre à chaque instant en quoi consistent et ce qu'exigent réellement et la justice, et la bonté, et le courage. Tels sont les élémens de la morale. De-là résultent deux vérités: la première, qu'elle est inséparable d'un bien produit ou à produire, que par conséquent l'effort le plus hardi qui n'aboutit point là, lui est absolument étranger. Ce n'est point de l'étonnement, c'est de la reconnoissance qu'elle doit inspirer. La seconde, qu'elle ne peut se trouver que dans les relations qui nous unissent à nos semblables: car elle suppose des droits, des devoirs, des affections réciproques, et particulièrement ce sentiment (p.106) expensif qui, nous faisant vivre en autrui, devient par la réflexion le garant de la justice, comme il est naturellement le principe de la bonté. Il faut donc ici identité de nature. Sans doute que les rapports de l'homme avec Dieu, avec soi, et même avec les êtres inférieurs à lui, ne sont pas étrangers à la morale: mais si la raison y découvre des motifs souvent très-puissans pour la pratiquer, si, sous ce point de vue, ils doivent être cultivés, ils doivent être respectés, il est sensible, à la simple réflexion qu'ils ne peuvent faire eux-mêmes partie de cette morale science dont il est question. On doit seulement les considérer comme moyens, tandis que les rapports sociaux sont ici à la fois et le principe et le but.

La morale ainsi analysée, ainsi circonscrite, quelles méthodes doit mettre en usage une grande Société pour en pénétrer fortement les membres qui la composent? Trois principales s'offrent à l'esprit et embrassent les moyens d'instruction pour la vie entière: la première est de faire faire à l'enfance un apprentissage véritable de ce premier des arts et comme un premier essai des vertus que la Société lui demandera un jour, en organisant cette petite Société naissante d'après les principes de la grande organisation sociale; la seconde, de multiplier sans cesse autour de tous les individus et en raison de leurs affections, les motifs les plus déterminans pour faire le bien; la troisième est de frapper d'impressions vertueuses et profondes les sens, les facultés de l'âme, de telle sorte que la morale, qui pourroit d'abord ne paroître qu'un produit abstrait de la raison, ou un résultat vague de la sensibilité, devienne un sentiment, un bonheur, et par conséquent une forte habitude.

La gloire d'un individu est de faire des actions utiles lorsqu'elles demandent du courage. Le devoir de la Société est de les convertir tellement en habitude, que rarement l'emploi (p.107) du courage soit nécessaire: ce principe est incontestable. C'est donc dans l'enfance qu'il faut jetter les premières semences de la morale, puis qu'il est si bien reconnu que les impressions qui datent de ce premier âge de la vie, sont les seules que le temps n'efface jamais.

Là s'appliqueront sans effort et dans la juste mesure que demandent la foiblesse et l'inexpérience, les moyens ordinaires d'instruction; mais un moyen particulier et d'un effet sûr paroît devoir être ajouté par-tout où les élèves sont constamment réunis sous les yeux de leurs instituteurs.

Ce moyen, dont on retrouve quelque traces dans les anciennes institutions des Perses, ainsi que dans quelques cantons Suisses, consiste à organiser ces jeunes sociétés, quelque temps avant la fin de l'éducation, de telle sorte que l'exercice anticipé de toutes les vertus sociales y soit un besoin universellement senti: car, qui doute qu'en toute chose et sur-tout en morale, la première de toutes les leçons ne soit la pratique, et que la pratique ne soit complettement assurée, quand chaque instant en rappelle la nécessité.

Toute réunion qui a un but, est une véritable association; et une association quelconque, déterminée par un intérêt commun, entraîne la nécessité d'un gouvernement. Cette vérité ne peut être mise en doute.

Or, dans le gouvernement le plus fractionnaire, le plus subordonné à la loi et à l'action générale, on retrouve les élémens des divers pouvoirs qui constituent la grande Société, c'est-à-dire, des volontés individuelles qui cherchent à se réunir, et des moyens d'exécution qui demandent à être dirigés; et l'on est porté à combiner ces élémens sur le modèle qu'on a sous les yeux.

C'est ainsi que, dans l'ancien état des choses, le régime (p.108) intérieur de chaque école sembloit s'être formé sur le régime tyrannique sous lequel la France étoit opprimée.

Une foule de réglemens incohérens, éludés par la faveur, changés par le caprice; des volontés arbitraires prenant sans cesse la place de la loi; des punitions qui ne tendoient qu'à flétrir l'âme; des distinctions humiliantes qui insultoient au principe sacré de l'égalité; une soumission toujours aveugle; enfin nul rapport de confiance entre les gouvernans et les gouvernés: telles étoient les maisons d'instruction: telle étoit la France entière.

Aujourd'hui que le gouvernement représentatif a pris naissance parmi nous, c'est-à-dire, le gouvernement le plus parfait qu'il soit donné à l'homme de concevoir, pourroit-on ne pas chercher à en reproduire l'image dans l'enceinte des sociétés instructives lorsque rien ne s'y oppose, que la raison le demande, et sur-tout que la morale doit y trouver infailliblement le moyen de s'étendre et de s'affermir dans les âmes? Développons cette idée.

Toute association, a dit un philosophe, dont les membres ne peuvent pas vaquer tous à toute l'administration commune, est obligée de choisir entre des représentans et des maîtres, entre le despotisme et un gouvernement légitime. Cette idée simple et féconde trouve ici une application directe.

Mais une observation se présente tout-à-coup pour suspendre la rapidité de la conséquence qu'on pourroit en déduire.

Le principe n'est complettement vrai que lorsque l'association est formée d'hommes parfaitement égaux, et qui arrivent là avec la plénitude de leurs droits.

Or, une maison d'instruction étant composée d'Instituteurs et d'Élèves, d'hommes dont la volonté et la raison sont formées, et de jeunes gens en qui l'une et l'autre sont incomplettes, enfin d'individus revêtus d'une autorité, et d'individus (p.109) qui doivent s'y soumettre, il est clair qu'on ne peut presser ici le principe de l'égalité.

Et pourtant si la raison, si la nature des choses demandent que celui qui instruit soit constamment au-dessus de celui qui est instruit; si, sous ce rapport, son autorité doit même être pleine et indépendante, et si l'amour-propre le plus rebelle ne peut en être plus irrité que ne l'est celui d'un enfant lorsqu'il est porté par un homme fort, il est également vrai que, hors de là et en ce qui concerne sur-tout le régime des Écoles, cette autorité ne doit pas être également illimitée, ou plutôt qu'il faut la placer en d'autres mains pour qu'ici, comme dans le corps social, la séparation des pouvoirs garantisse de tout despotisme.

Qu'on ne perde pas de vue que, dans les individus les plus enchaînés par les institutions sociales, il est une portion de volonté disponible qui peut être utilement et doit par conséquent être toujours mise en commun, dès l'instant qu'il se forme entre eux une association quelconque.

La volonté des jeunes gens, toute imparfaite qu'elle est, se porte facilement vers ce qui est vrai et juste, parce qu'elle est libre de préjugés.

Or peut-on ne pas sentir qu'il importe aux Élèves et aux Instituteurs que ces jeunes volontés, transmises en quelque sorte par des élections souvent renouvellées jusqu'à un petit nombre d'entre eux qui deviendront les représentans de tous, se réunissent dans l'exercice des diverses fonctions administratives et judiciaires que réclame le maintien de toute société.

C'est alors que les Instituteurs bornés à l'objet qui leur appartient exclusivement, l'instruction, n'exerçant sur tout le reste qu'une surveillance directive très-générale, conserveront aisément cette confiance si nécessaire à leurs travaux, et qu'aucune vengeance particulière, aucun reproche personnel n'essayera plus d'affoiblir. (p.110)

Les Élèves, de leur côté, à la fois libres et soumis, supportant sans peine un joug dont ils sentiront la nécessité, mais ne supportant que celui là; à l'abri désormais de ces nombreuses injustices qui les révoltent, et dont le ressentiment se conserve toute la vie; appellés par des choix toujours purs à participer à l'administration commune, à devenir des Juges, des Jurés, des Arbitres, des Censeurs; toujours comptables envers leurs égaux; chargés tour à tour de prévenir les délits, de les juger, de les faire punir; de distribuer le blâme et la louange, d'appaiser les dissentions; jaloux, dans l'exercice de ces intéressantes fonctions, de mériter l'estime de tous sans chercher à plaire à personne, apprendront de bonne heure à traiter avec les hommes et leurs passions, à concilier l'exercice de la justice avec une indulgence raisonnée, s'exerceront à toutes les vertus domestiques et publiques, au respect pour la loi, pour les mœurs, pour l'ordre général, sentiront s'élever leur âme au sein de l'égalité, de la liberté, et sauront enfin ce qu'on ne peut savoir trop tôt et ce qu'ils eussent ignoré long-temps, que l'homme, à quelque âge que ce soit, doit plier sous la loi, sous la nécessité, sous la raison, jamais sous une volonté particulière.

N'est-ce pas là le véritable apprentissage de la vie sociale, et par conséquent le cours de morale le plus complet, le plus efficacement instructif? Un réglement facile réalisera les bases de cette Constitution particulière, si parfaitement analogue à la Constitution générale de l'Empire.

Il est un second devoir de la Société pour assurer l'empire de la morale: c'est de rassembler et de fortifier les motifs qui peuvent porter l'homme à faire le bien dans les divers âges de la vie.

La Société doit exciter l'homme par l'intérêt, en lui montrant dans le bien qu'il fait aux autres, le garant de celui qu'il (p.111) recevra de tous, en lui montrant même que, dans cet échange réciproque, il recevra bien plus qu'il ne donne.

Elle doit l'exciter par l'honneur, en rattachant à la morale ce mobile des âmes ardentes que le préjugé en avoit détaché.

Elle doit l'exciter par la conscience, en le rappellant souvent, par l'organe de ses agens et des instituteurs publics, à ce sens interne qui, exercé, éclairé de bonne heure, et consulté fréquemment, devient un inspirateur prompt et sûr, un moniteur incorruptible, et rend inséparables la vertu et le bonheur, le crime et les remords.

Elle doit sur-tout l'exciter par la raison; car il faut avant tout et après tout s'adresser à cette première faculté de l'homme, puisque tous les autres mobiles doivent tôt ou tard subir son jugement et sa révision: il faut montrer à ceux qui se déterminent par réflexion plus que par sentiment, par conviction plus que par intérêt, que les vérités, dans l'ordre moral, sont fondées sur des bases indestructibles, qu'on ne peut les méconnoître sans renoncer à toute raison; qu'en un mot, la morale la plus sublime n'est presque jamais que du bon sens.

Elle doit enfin exciter l'homme par l'exemple: et ce moyen puissant, c'est à l'histoire qu'elle doit le demander: car l'orgueil de l'homme se défendra toujours de le devoir à ses contemporains. Quelle histoire sera digne de remplir cette vue morale? Aucune sans doute de celles qui existent: ce qui nous reste de celle des anciens nous offre des fragmens précieux pour la liberté; mais ce ne sont que des fragmens: ils sont trop désunis, trop loin de nous; aucun intérêt national ne les anime, et notre long asservissement nous a trop accoutumés à les ranger parmi les fables. La nôtre, telle qu'elle a été tracée, n'est presque par-tout qu'un servile hommage décerné à des abus: c'est l'ouvrage de la foiblesse écrivant sous les yeux, souvent sous la dictée de la tyrannie; mais cette même histoire, (p.112) telle qu'elle devroit être, telle qu'on la conçoit en ce moment, peut devenir un fonds inépuisable des plus hautes instructions morales.

Que désormais s'élevant à la dignité qui lui convient, elle devienne l'histoire des peuples et non plus celle d'un petit nombre de chefs; qu'inspirée par l'amour des hommes, par un sentiment profond pour leurs droits, par un saint respect pour leur malheur, elle dénonce tous les crimes qu'elle raconte; que, loin de se dégrader par la flatterie, loin de se rendre complice par une vaine crainte, elle insulte jusqu'à la gloire toutes les fois que la gloire n'est point la vertu; que par elle une reconnoissance impérissable soit assurée à ceux qui ont servi l'humanité avec courage, et une honte éternelle à quiconque n'a usé de sa puissance que pour nuire; que, dans la multitude de faits qu'elle parcourt, elle se garde de chercher les droits de l'homme qui certes ne sont point là; mais qu'elle y cherche, mais qu'elle y découvre les moyens de les défendre que toujours on peut y trouver; que, pour cela, sacrifiant ce que le temps doit dévorer, ce qui ne laisse point de trace après soi, tout ce qui est nul aux yeux de la raison, elle se borne à marquer tous les pas, tous les efforts vers le bien, vers le perfectionnement social, qui ont signalé un si petit nombre d'époques, et à faire ressortir les nombreuses conspirations de tous les genres, dirigées contre l'humanité avec tant de suite, conçues avec tant de profondeur, et exécutées avec un succès si révoltant; qu'en un mot, le récit de ce qui fut, se mêle sans cesse au sentiment énergique de ce qui devoit être: par là, l'histoire s'abrège et s'aggrandit; elle n'est plus une compilation stérile; elle devient un système moral; le passé s'enchaîne à l'avenir, et en apprenant à vivre dans ceux qui ont vécu, on met à profit pour le bonheur des hommes, jusqu'à la longue expérience des erreurs et des crimes. (p.113)

C'est par tous ces moyens, c'est par tous ces motifs intérieurs que la morale s'imprimera dans l'homme. Il reste à lui en faire parvenir les impressions par les moyens extérieurs qui sont au pouvoir de la Société; et ici se présentent à l'esprit les spectacles, les fêtes, les arts, etc. etc.

Un moyen fécond d'instruction sera éternellement attaché à la représentation des grands événemens, à la peinture énergique des grandes passions. S'il est vrai que l'influence de l'art qui les reproduit sur la scène, s'est fait sentir sous le despotisme, s'il a déposé dans l'âme des François des germes qui, avec le temps, se sont développés contre le despotisme lui-même, quels effets ne peut-il pas produire pour la liberté? Cet art qui, chez les Grecs, appelloit la haine sur les tyrans, qui offroit l'image de la gloire, du bonheur d'un peuple libre, et celle de l'avilissement et de l'infortune des peuples esclaves, ne prépare-t-il pas aux François des tableaux dignes de rallumer et de perfectionner sans cesse leur patriotisme? Sans doute c'est là le but vers lequel il va diriger toute sa puissance.

Une vue également morale se manifestera dans les productions d'un autre genre, ouvrage de ce même art qui change de nom en changeant ses pinceaux, et qui alors, moins imposant sans être moins utile, trace la peinture de nos mœurs habituelles dans les conditions privées. Combien de préjugés nés de la servitude, s'obstinant à exister quand rien de ce qui les soutenait, ne subsiste; combien dont la crédulité, moins odieuse qu'amusante, ne peut se résoudre à douter encore de leur extrême importance; combien enfin qui, terrassés par la loi, mille fois vaincus par la raison, ont besoin d'être finis par le ridicule, et de se trouver en quelque sorte témoins de leur propre défaite? C'est sous ce rapport que la scène françoise deviendra une des puissances auxiliaires de la révolution; que des talens voués à l'instruction, mais jusqu'à (p.114) ce jour plus employés à polir la surface des mœurs, qu'à en corriger le fonds, serviront et la morale et la patrie; que la régénération politique, amenant avec elle le renouvellement des pensées de l'homme, étendra la carrière de celui des arts qui, par l'illusion, exerce le plus puissant des empires. Alors la scène françoise se rajeunira, se purifiera; elle se montrera digne des respects de l'homme le plus sévère, digne de la présence de tous les états, de tous les Citoyens qui, ayant fui les indiscrétions de la licence, viendront avec confiance chercher les leçons de la raison.

Ainsi la morale arrive à l'homme en s'emparant de son intelligence, de ses sens, de ses facultés, de toutes les puissances de son être.

C'est elle qui va bientôt ordonner, qui va animer ces fêtes, que le peuple espère, qu'il désire, et que d'avance il appelle fêtes nationales.

Ici l'esprit se porte avec charme vers ces fêtes antiques, où, au milieu des jeux, des luttes, de toutes les émotions d'une allégresse universelle, l'amour de la Patrie, cette morale presque unique des anciens peuples libres, s'exaltoit jusqu'à l'enthousiasme, et se préparait à des prodiges.

Vous ne voudrez pas priver la morale d'un tel ressort, vous voudrez aussi conduire les hommes au bien par la route du plaisir.

Vous ordonnerez donc des fêtes.

Mais vos fêtes auront un caractère plus moral: car elles porteront l'empreinte de cette bienveillance universelle qui embrasse le genre humain, tandis que le sentiment qui animoit celles des anciens, confondoit sans cesse l'amour de la cité et la haine pour le reste des hommes.

Vos fêtes ne seront point toutes religieuses, non que la religion les proscrive ou les repousse: elle-même s'est parée de (p.115) leur pompe; mais, lorsqu'elle n'en est point l'objet principal, lorsque les impressions qu'elle porte à l'âme, ne doivent point y dominer, il ne convient pas qu'elle y paroisse: il est plus religieux de l'en écarter. Parmi les nouvelles fêtes, son culte réclamera toujours celles de la douleur, pour y porter ses consolations. Le culte de la liberté vous demande toutes les fêtes de l'allégresse.

Elles ne seront point périodiques; j'en excepte pourtant l'anniversaire du jour où, les armes à la main, la Nation entière a juré la sainte alliance de la liberté et de l'obéissance à la loi, et celui du jour mémorable où l'égalité sembla naître tout-à-coup de la chute de tous les privilèges. Ces fêtes auront un tel caractère de grandeur, elles réveilleront tant de sentimens à la fois, qu'il n'est pas à craindre que l'intérêt qu'elles doivent inspirer, s'affoiblisse par des retours marqués; mais les autres fêtes doivent, dans chaque lieu, varier avec les événemens: elles doivent donc conserver ce caractère d'irrégularité qui convient si bien aux mouvemens de l'âme; il ne faut pas qu'on les prévoie de trop loin, qu'on les pressente avec trop de certitude; il ne faut pas qu'elles soient trop commandées; car la joie comme la douleur ne sont plus aux ordres de personne.

Elles ne seront pas uniformes: car bientôt la monotonie en auroit détruit le charme. Elles seront tour à tour nationales, locales, privées. Vous voudrez que chaque Département rende solemnelle l'époque où, arrêtant la liste de ses nouveaux citoyens, il montre avec orgueil à la Patrie ses jeunes défenseurs, ses nouvelles richesses, et vous verrez avec intérêt chaque famille s'empresser de célébrer encore, par des fêtes intérieures, et ces mêmes époques publiques, et toutes les époques particulières de ses événemens domestiques.

Enfin toutes ces fêtes auront pour objet direct les événemens anciens ou nouveaux, publics ou privés, les plus chers à un peuple libre; pour accessoires, tous les symboles qui (p.116) parlent de la liberté, et rappellent avec plus de force à cette égalité précieuse, dont l'oubli a produit tous les maux des Sociétés; et pour moyens, ce que les beaux arts, la musique, les spectacles, les combats, les prix réservés pour ces jours brillans, offriront dans chaque lieu de plus propre à rendre heureux et meilleurs les vieillards, par des souvenirs; les jeunes gens, par des triomphes; les enfans, par des espérances [1].

Qu'on ne s'étonne pas d'entendre invoquer ici les arts comme appuis de la morale. Conserver des souvenirs précieux, éterniser des actions dignes de mémoire, immortaliser les grands exemples, c'est-là sans doute enseigner la vertu. Qui ignore que l'imagination, qui s'enflamme à la vue d'un chef-d'œuvre, confond, dans le même enthousiasme, l'imitation parfaite qui l'enchante et le trait sublime qui la ravit; et que c'est particulièrement dans la première jeunesse que cette alliance des sensations et des idées, cette influence des impressions physiques sur les affections de l'âme, produit les effets les plus vifs et les plus durables.

Les arts n'ont que trop souvent été prostitués aux intérêts de la tyrannie: elle les employoit à détremper le caractère des peuples, à leur inspirer les molles affections qui les préparent à recevoir ou à souffrir la servitude; mais les arts eux-mêmes étoient esclaves lorsqu'on corrompoint ainsi la noblesse de leur destination: les arts aussi doivent rompre leurs fers chez un peuple qui devient libre. Il est vrai que, même sous l'empire des maîtres les plus absolus, on les a vu créer des chefs-d'œuvres: mais c'est qu'alors, trompant la tyrannie, ils (p.117) savoient se réfugier dans une terre étrangère; ils se transportoient, ils s'élançoient à Athènes, à Rome, jusques dans l'Olympe; et c'est-là qu'ils trouvoient cette liberté et ce courage de conception dont ils ont conservé l'empreinte.

Les arts sont la langue commune des peuples et des siècles. Il en est un sur-tout particulièrement consacré à l'immortalité: il confie au marbre et à l'airain, avec les traits des grands hommes, la reconnoissance de la Patrie qui s'honore en s'acquittant envers eux, et ajoute à son lustre, en perpétuant leur renommée. Quelle autre récompense peut entrer en parallèle avec un tel triomphe qui se perpétue à travers les siècles? Qu'il est beau pour les arts qui ne vivent que de gloire, d'associer ainsi leurs ouvrages à des noms impérissables! Et aussi, quelle leçon de morale que la statue d'un grand homme élevée au milieu de ses concitoyens! Son exemple s'éternise par le monument qui lui est consacré; et s'il se trouvoit une stérile époque où des modèles vivans ne pussent s'offrir à l'ambition de la jeunesse, l'histoire ainsi animée, ainsi vivante, suffiroit dans tous les temps à son enthousiasme.

La Nation, loin de redouter l'influence des arts, voudra donc se couvrir de leur gloire: elle les encouragera; elle les honorera; elle leur confiera ses intérêts; enfin elle les placera dans l'éducation comme un moyen de plus pour faire chérir la morale. Sparte n'avoit pas banni de ses institutions l'exercice de la lyre; elle en avoit seulement retranché quelques cordes dont le son trop attendrissant étoit capable d'énerver l'âme et d'efféminer les mœurs.

C'est par l'action combinée de tous ces moyens que, sous l'empire d'une Constitution favorable à tous les développemens, l'homme social verra s'accroître ses richesses intellectuelles et morales; mais, poux réaliser ces espérances qui (p.118) s'ouvrent devant nous, pour que tant de moyens indiqués ne restent point de vains projets de l'esprit, il faut qu'ils se produisent et se manifestent dans l'ordre que sollicitent les besoins de l'homme, et sous un jour qui l'éclaire par degré; il faut que le talent, s'emparant des découvertes du génie, les rende accessibles à tous, qu'il aspire, non à détruire toutes difficultés: car l'esprit humain a besoin de vaincre pour s'instruire; mais à ne laisser subsister que celles qui demandent de l'attention pour être vaincues; il faut, en un mot, que des livres élémentaires, clairs, précis, méthodiques, répandus avec profusion, rendent universellement familières toutes les vérités importantes, et épargnent d'inutiles efforts pour les apprendre. De tels livres sont de grands bienfaits: la Nation ne peut ni trop les encourager, ni trop les récompenser.

En appelant l'intérêt national sur ce genre de secours appliqué aux grands objets que nous venons de parcourir, nous nous reprocherions de ne pas l'arrêter un instant sur d'autres objets d'une utilité, moins importante, mais plus directe, mais plus adaptée aux besoins journaliers et individuels, en un mot, sur ce qui intéresse particulièrement, la culture et les arts mécaniques.

Comment ne pas former des vœux, pour qu'à l'aide des méthodes et des livres élémentaires, la théorie de l'utile s'allie enfin à la pratique dans toutes les parties de l'agriculture; pour qu'on voie cesser cette étrange séparation qui sembloit faire deux parts distinctes de nos facultés dans l'art qui demande le plus la réunion de toutes, et qui offroit le spectacle affligeant de la force et de l'activité sans lumières, de l'intelligence et des lumières sans action.

Qui pourra dire tout ce qu'une telle discordance, fruit de nos vices et de nos institutions, a causé de ravages dans (p.119) nos campagnes? Par-tout on y trouve la trace profonde de l'erreur: le dépérissement des forêts, ces produits tardifs de la terre; la perte de nos bestiaux; l'éducation abandonnée de ces utiles compagnons de nos travaux; le défaut de pâturage; l'usage multiplié des jachères, ce long sommeil de nos champs condamnés à la stérilité, tout annonce l'art encore dans l'enfance, ou plutôt couvert de nos préjugés. Que seroit-ce si nous analysions tout ce que produit de maux à la fin de chaque année l'ignorance des premiers principes de la végétation, de la floraison, de la théorie de la greffe, de la nature des engrais, de l'influence des saisons, etc? N'est-il pas évident que, pour des hommes qui, condamnés par le besoin de chaque jour, ne peuvent accorder que des momens à l'étude de leur art, c'est à des livres très-élémentaires, écrits avec clarté et avec intérêt, qu'il doit être spécialement réservé de répandre sur tous ces objets les lumières les plus nécessaires.

L'effet de ce moyen se fortifiera par la révolution qui va s'opérer dans nos mœurs.

Dans le temps où il falloit occuper un état auquel un des préjugés régnans attachât de l'honneur, où d'ailleurs on naissoit magistrat et guerrier comme on naît de tel sexe, où par conséquent la profession étoit plutôt le produit de l'espèce que celui du choix, il étoit presque érigé en principe, qu'un propriétaire enrichi devoit fuir la source de sa richesse. Travailler son champ étoit une peine; l'habiter étoit un exil; et dès-lors parmi les hommes à talent on ne voyoit guères dans nos fertiles campagnes que ceux dont l'ambition trompée alloit y ensevelir ses regrets.

Désormais on sentira que, dans un pays agricole, tout doit naître cultivateur. On sera momentanément Magistrat, Guerrier, Législateur; mais les travaux champêtres feront l'occupation habituelle de l'homme, et chacun y trouvera le (p.120) délassement ou même la récompense de ses fonctions de citoyen: or un tel changement de mœurs, multipliant dans nos campagnes les expériences utiles, contribuera nécessairement à y accréditer les bonnes méthodes et à y faire fructifier les principes que les livres élémentaires auront déjà pu y introduire.

Et quant aux arts mécaniques, de combien de méthodes ils demandent aussi le secours! Qui n'a pas souffert, qui ne souffre pas encore de voir un si grand nombre de nos ouvriers livrés à une routine qu'aucun principe ne dirige ou ne rectifie; contraints à faire venir de dehors les instrumens même de leur profession quand ils aspirent à perfectionner leurs ouvrages; entièrement étrangers à la science du trait si nécessaire et si peu connue, à l'art de prendre une hauteur, de mesurer un angle, d'en acquérir le sentiment à un demi-degré près: aux principes raisonnés de l'équilibre, des leviers, de la romaine, de la balance; ignorant les propriétés les plus générales de l'air, tous les procédés, toutes les découvertes applicables aux arts et aux manufactures, dont la Chimie a enrichi de nos jours l'esprit humain; ne sachant quels sont les corps que l'humidité allonge, quels sont ceux qu'elle resserre; en un mot, ne connoissant de l'art que la mécanique la plus grossière et presque jamais la théorie qui le simplifie et qui l'aggrandit. Et n'est-ce pas encore ici par des livres méthodiques, réunissant le double suffrage des théoriciens habiles et des praticiens consommés, que les vrais principes sur tous ces objets pénétreront dans nos atteliers et qu'ils y élèveront l'industrie nationale à ce degré de perfection et de splendeur, auquel la France a montré, même dans son état d'imperfection, qu'elle étoit digne de prétendre.

Nous avons annoncé au commencement de notre travail (p.121) des principes d'instruction pour les femmes: ces principes nous paroissent très-simples.

On ne peut d'abord séparer ici les questions relatives à leur éducation de l'examen de leurs droits politiques; car en les élevant, il faut bien savoir à quoi elles sont destinées. Si nous leur reconnoissons les mêmes droits qu'aux hommes, il faut leur donner les mêmes moyens d'en faire usage. Si nous pensons que leur part doive être uniquement le bonheur domestique et les devoirs de la vie intérieure, il faut les former de bonne heure pour remplir cette destination.

Une moitié du genre humain exclue par l'autre de toute participation au gouvernement; des personnes indigènes par le fait et étrangères par la loi sur le sol qui les a cependant vu naître; des propriétaires sans influence directe et sans représentation: ce sont-là des phénomènes politiques, qu'en principe abstrait, il paroît impossible d'expliquer; mais il est un ordre d'idées dans lequel la question change et peut se résoudre facilement. Le but de toutes les institutions doit être le bonheur du plus grand nombre. Tout ce qui s'en écarte est une erreur; tout ce qui y conduit, une vérité. Si l'exclusion des emplois publics prononcée contre les femmes est pour les deux sexes un moyen d'augmenter la somme de leur bonheur mutuel, c'est dès-lors une loi que toutes les Sociétés ont dû reconnoître et consacrer.

Toute autre ambition seroit un renversement des destinations premières; et les femmes n'auront jamais intérêt à changer la délégation qu'elles ont reçue.

Or il nous semble incontestable que le bonheur commun, sur-tout celui des femmes, demande qu'elles n'aspirent point à l'exercice des droits et des fonctions politiques. Qu'on cherche ici leur intérêt dans le vœu de la nature. N'est-il (p.122) pas sensible que leur constitution délicate, leurs inclinations paisibles, les devoirs nombreux de la maternité, les éloignent constamment des habitudes fortes, des devoirs pénibles, et les appellent à des occupations douces, à des soins intérieurs? Et comment ne pas voir que le principe conservateur des Sociétés, qui a placé l'harmonie dans la division des pouvoirs, a été exprimé et comme révélé par la nature, lorsqu'elle a ainsi distribué aux deux sexes des fonctions si évidemment distinctes? Tenons-nous-en là, et n'invoquons pas des principes inapplicables à cette question. Ne faites pas des rivaux des compagnes de votre vie: laissez, laissez dans ce monde subsister une union qu'aucun intérêt, qu'aucune rivalité ne puisse rompre. Croyez que le bien de tous vous le demande.

Loin du tumulte des affaires, ah! sans doute il reste aux femmes un beau partage dans la vie! Le titre de mère, ce sentiment que personne ne s'est encore flatté d'avoir exprimé, est une jouissance solitaire dont les soins publics pourroient distraire: et conserver aux femmes cette puissance d'amour que les autres passions affoiblissent, n'est-ce pas sur-tout penser à la félicité de leur vie?

On dit que, dans de grandes circonstances, les femmes ont fortifié le caractère des hommes; mais c'est qu'alors elles étoient hors de la carrière. Si elles avoient poursuivi la même gloire, elles auroient perdu le droit d'en distribuer les couronnes.

On a dit encore que quelques-unes avoient porté le sceptre avec gloire; mais que sont un petit nombre d'exceptions brillantes? Autorisent-elles à déranger le plan général de la nature? S'il étoit encore quelques femmes que le hazard de leur éducation ou de leurs talens parut appeler à l'existence d'un homme, elles doivent en faire le sacrifice au bonheur (p.123) du grand nombre, se montrer au-dessus de leur sexe en le jugeant, en lui marquant sa véritable place, et ne pas demander qu'en livrant les femmes aux mêmes études que nous, on les sacrifie toutes pour avoir peut-être dans un siècle quelques hommes de plus.

Qu'on ne cherche donc plus la solution d'un problème suffisamment résolu; élevons les femmes, non pour aspirer à des avantages que la Constitution leur refuse, mais pour connoître et apprécier ceux qu'elle leur garantit: au lieu de leur faire dédaigner la portion de bien-être que la Société leur réserve en échange des services important qu'elle leur demande, apprenons-leur qu'elle est la véritable mesure de leurs devoirs et de leurs droits. Qu'elles trouvent, non de chimériques espérances, mais des biens réels sous l'empire de la liberté et de l'égalité; que, moins elles concourent à la formation de la loi, plus aussi elles en reçoivent de protection et de force, et surtout qu'au moment où elles renoncent à tout droit politique, elles acquièrent la certude de voir leurs droits civils s'affermir et même s'accroître.

Assurées d'une telle existence par le système des lois, il faut les y préparer par l'éducation; mais développons leurs facultés sans les dénaturer; et que l'apprentissage de la vie soit à la fois pour elles une école de bonheur et de vertu.

Les hommes sont destinés à vivre sur le théâtre du monde. L'éducation publique leur convient: elle place de bonne heure sous leurs yeux toutes les scènes de la vie: les proportions seules sont différentes.

La maison paternelle vaut mieux à l'éducation des femmes; elles ont moins besoin d'apprendre à traiter avec les intérêts d'autrui, que de s'accoutumer à la vie calme et retirée. Destinées aux soins intérieurs, c'est au sein de leur famille (p.124) qu'elles doivent en recevoir les premières leçons et les premiers exemples. Les pères et mères, avertis de ce devoir sacré, sentiront l'étendue des obligations qu'il impose: la présence d'une jeune fille purifie le lieu qu'elle habite, et l'innocence commande à ce qui l'entoure, le repentir ou la vertu. Que toutes vos institutions tendent donc à concentrer l'éducation des femmes dans cet asile domestique: il n'en est pas qui convienne mieux à la pudeur, et qui lui prépare de plus douces habitudes.

Mais la prévoyance de la loi, après avoir recommandé l'institution la plus parfaite, doit encore préparer des ressources pour les exceptions et des remèdes pour le malheur. La Patrie aussi doit être une mère tendre et vigilante. Avant la destruction des vœux monastiques, une foule de maisons religieuses, destinées à cet objet, attiroient les jeunes personnes du sexe vers l'éducation publique. Cette direction générale n'étoit pas bonne; car ces établissemens n'étoient nullement propres à former des épouses et des mères. Mais du moins ils offroient un asile à l'innocence, et cet avantage est indispensable à remplacer. On n'aura point à regretter l'éducation des Couvens; mais on regretteroit avec raison leur impénétrable

demeure, si d'autres maisons non moins rassurantes et mieux dirigées ne suppléoient à leur destruction.

Chaque Département devra donc s'occuper d'établir un nombre
suffisant de ces maisons, et d'y placer des institutrices dont la vertu
soit le parant de la confiance publique.

Les femmes qui se consacreront à des devoirs si délicats, ne pro-
nonceront pas de vœux; mais elles prendront envers la Société des
engagemens d'autant plus sacrés, qu'ils seront plus libres, et qui
produiront le même effet pour la sécurité des familles. (p.125)

Dans ces maisons les jeunes personnes doivent trouver toutes les
ressources nécessaires à leur instruction, et sur-tout l'apprentissage
des métiers différens qui peuvent assurer leur existence.

Jusqu'à l'âge de huit ans elles pourroient, sans inconvénient,
fréquenter les Écoles primaires, et y puiser les élémens des connoissances qui doivent être communes aux deux sexes; mais avant de
quitter l'enfance, elles doivent s'en retirer, et se renfermer dans la
maison paternelle, dont il ne faut pas oublier que les maisons de
retraite sont un remplacement imparfait. C'est alors qu'il faudra leur
procurer d'autres secours pour s'instruire dans les arts utiles, et leur
donner les moyens de subsister indépendantes, par le produit de
leur travail [2].

Ainsi, prenant pour règle les termes de la Constitution, nous
recommanderons, pour les femmes, l'éducation domestique, comme
la plus propre à les préparer aux vertus qu'il leur importe
d'acquérir. A défaut de cet avantage, nous leur assurerons des maisons retirées sous l'inspection des Départemens, et nous leur facili-
terons l'apprentissage des métiers qui conviennent à leur sexe.
(p.126)

RÉSUMÉ.

Je vais ressaisir l'ensemble du plan que je viens de tracer.

En attachant l'Instruction publique à la constitution, nous l'avons
considérée dans sa source, dans son objet, dans ses rapports, dans
son organisation, dans ses moyens.

Dans sa source: elle est un produit naturel de toute société; donc elle appartient à tous, à tous les âges, à tous les sexes.

Dans son objet: elle embrasse tout ce qui peut perfectionner l'homme naturel et social; donc elle réclame des établissemens vastes et des principes libres.

Dans ses rapports: elle en a d'intimes et avec la Société et avec les individus.

Avec la Société: elle doit apprendre à connoître, à défendre, à améliorer sans cesse sa constitution, et sur-tout à la vivifier par la morale, qui est l'âme de tout.

Avec les individus: elle doit les rendre meilleurs, plus heureux, plus utiles; donc elle doit exercer, développer, fortifier toutes leurs facultés physiques, intellectuelles, morales, et ouvrir toutes les routes pour qu'ils arrivent sûrement au but auquel ils sont appelés.

Dans son organisation: elle doit se combiner avec celle du Royaume; de-là Écoles Primaires, de District, de Département, et enfin Institut national; mais elle doit se combiner avec liberté: car ses rapports ne peuvent s'identifier en tout avec ceux de l'administration; de-là aussi des différences locales, déterminées par l'intérêt de la science et par le bien public. (p.127)

Les Écoles Primaires introduiront, en quelque sorte, l'enfance dans la Société.

Les Écoles de District prépareront utilement la jeunesse à tous les états de la Société.

Les Écoles de Département formeront particulièrement l'adolescence à certains états de la Société.

Dans ces Écoles on enseignera la Théologie, la Médecine, le Droit, l'Art Militaire.

Mais la Théologie, il a fallu la circonscrire; la Médecine, il a fallu la completter; le Droit, il a fallu l'épurer; l'Art Militaire, il a fallu le faciliter à tous.

L'Institut national réunit tout, perfectionne tout: donc il étoit nécessaire d'en assortir toutes les parties, de leur montrer un but, jamais un terme, et de leur imprimer, au milieu de tant de mouve-mens divers, une direction ferme et rapide.

Les moyens d'instruction se sont bientôt offerts à nous: car c'est en eux et par eux que l'instruction vit et se perpétue.

Nous avons parlé des Instituteurs qu'il faut savoir choisir, honor-er, récompenser; des immenses productions de l'esprit humain qu'on doit distribuer, classer, completter, purifier pour l'avantage des sciences, pour le bien de la raison; des encouragemens dûs aux promesses du talent; des prix dûs encore plus à ses services.

De-là nous sommes arrivés aux méthodes, ces premiers instru-mens de nos facultés; nous avons osé en chercher pour la raison elle-même, afin d'accroître sa force, afin de lui assurer cette recti-tude qui doit faire son principal caractère; nous en avons cherché pour la communication des idées, ce grand besoin de l'homme so-cial. Là, nous avons accusé l'imperfection des langues; et en nous plaçant à la source du mal, peut-être n'avons nous pas été loin d'in-diquer le remède. (p.128) Nous avons voulu aussi des méthodes pour apprendre la morale: nous les avons cherchées dans la raison qui la démontre; dans le sentiment qui l'anime; dans la conscience qui la garde; dans l'intérêt même qui la conseille; dans l'histoire qui la célèbre; dans les premières habitudes qui l'impriment, etc: nous les avons demandées à tout ce qui nous entoure, aux spectacles, aux fêtes, aux beaux-arts, à ce qui nous émeut, à ce qui nous enchante; et par-tout nous avons vu que la Société réunissoit les moyens les plus féconds pour rendre les hommes meilleurs, en les rendant plus heu-reux.

Quittant ces méthodes générales, nous nous sommes reposés un instant sur les méthodes usuelles que sollicitent l'agriculture et les arts mécaniques: nous avons du moins formé des vœux pour leur perfectionnement, et nous avons tâché de leur obtenir cette portion d'intérêt public qu'elles méritent.

Enfin, nous avons traité à part l'éducation des Femmes. Ici, nous avons cherché les principes dans leurs droits, leurs droits dans leur destinée, leur destinée dans leur bonheur. (p.129)

Il a déjà été décrété constitutionnellement sur l'Instruction:

1º. Qu'il sera créé et organisé une Instruction publique, commune à tous les Citoyens, gratuite à l'égard des parties d'enseignement indispensables pour tous les hommes, et dont les établissemens seront distribués graduellement dans un rapport combiné avec la division du Royaume.

2º. Qu'il sera établi des Fêtes Nationales. (p.130)

PROJET DE DÉCRETS

SUR

L'INSTRUCTION PUBLIQUE.

ÉCOLES PRIMAIRES.

L'objet des Écoles primaires est d'enseigner à tous les enfans leurs premiers et indispensables devoirs; de les pénétrer des principes qui doivent diriger leurs actions; et d'en faire, en les préservant des dangers de l'ignorance, des hommes plus heureux et des citoyens plus utiles.

Article premier.

Chaque Administration de Département déterminera le nombre des Écoles primaires de son arrondissement, sur la demande des Municipalités, présentée par les Directoires des Districts.

Il sera établi à Paris une École primaire par Section.

II.

Les Écoles primaires seront gratuites et ouvertes aux enfans de tous les citoyens sans distinction.

III.

Nul n'y sera admis avant l'âge de six ans accomplis. (p.131)

IV.

On y enseignera aux enfans, 1º. à lire tant dans les livres imprimés que dans les manuscrits; 2º. à écrire et les exemples d'écriture rappelleront leurs droits et leurs devoirs; 3º. les premiers élémens de la langue françoise, soit parlée, soit écrite; 4º. les règles de l'Arithmétique simple; 5°. les élémens du toisé; 6°. les noms des villages du canton; ceux des cantons, des districts et des villes du département; ceux des villes hors du département, avec lesquelles leur pays a des relations plus habituelles.

V.

On y enseignera, 1°. les principes de la Religion;

2°. Les premiers élémens de la morale, en s'attachant sur-tout à faire connoître les rapports de l'homme avec ses semblables;

3°. Des instructions simples et claires sur les devoirs communs à tous les citoyens et sur les lois qu'il est indispensable à tous de connoître;

4°. Des exemples d'actions vertueuses qui les toucheront de plus près, et avec le nom du Citoyen vertueux celui du pays qui l'a vu naître;

VI.

Dans les villes et bourgs au-dessus de mille âmes, on enseignera aux enfans les principes du dessin géométral. (p.132)

Pendant les récréations on les exercera à des jeux propres à fortifier et à développer le corps.

VII.

Deux Notables de la Commune seront chargés de surveiller l'École primaire et de distribuer des prix tous les ans.

VIII.

Chaque Département, sur la demande des Municipalités, présentée par le Directoire du District, fixera, dans son arrondissement, le nombre des Maîtres, et celui des Écoles primaires.

IX.

Il sera ouvert un concours pour le meilleur ouvrage nécessaire aux Écoles primaires.

Les Auteurs qui voudront concourir, adresseront leur ouvrage aux Commissaires de l'Instruction publique, qui le feront passer à l'Institut national. D'après le jugement motivé de l'Institut, les Commissaires de l'Instruction publique feront leur rapport à l'Assemblée Nationale, qui prononcera sur l'envoi de l'ouvrage aux Départemens.

ÉCOLES DE DISTRICT.

Les Écoles de District offriront aux Élèves une instruction plus étendue: en les appliquant à des études plus fortes, elles donneront plus d'exercice et de développement à leurs facultés. (p.133)Les jeunes gens sortiront de ces Écoles en état de bien agir pour eux-mêmes, et assez instruits pour reconnoître la profession à laquelle la nature les aura destinés.

Article premier.

Chaque Administration de Département déterminera le nombre des Écoles de District de son arrondissement.

Il sera établi à Paris six Écoles de District, qui seront réparties dans les différens quartiers de la ville.

II.

Nul ne sera admis aux Écoles de District avant l'âge de huit à neuf ans, et s'il n'est suffisamment instruit de ce que l'on enseigne dans les Écoles primaires.

III.

On y enseignera les principes de la Religion, la Morale, les Langues, l'art de raisonner, l'art oratoire, la Géographie, l'Histoire, les Mathématiques, la Physique. On formera les jeunes gens aux exercices du corps.

IV.

L'enseignement des Écoles de District sera divisé par cours. Il pourra l'être de la manière suivante: 1º. un cours de Grammaire, qui dureroit deux ans; 2º. un cours d'Humanités, ou Élémens de Belles-Lettres, qui dureroit (p.134) deux ans; un cours de Rhétorique et de Logique réunies, qui dureroit deux ans, un cours de Mathématiques et de Physique, qui dureroit un an. Il y auroit, en outre, autant qu'il se pourra, un Professeur pour une langue vivante, et un Professeur de langue grecque. L'enseignement dureroit sept ans.

V.

Une École complette de District sera composée d'un Inspecteur des études ou Principal; de deux Professeurs de Grammaire; de deux Professeurs d'Humanités; de deux Professeurs de Logique et Rhétorique, réunies; les six Professeurs feroient leur cours complet, qui dureroit deux ans, et alterneroient chacun dans leur ordre. Il y aura un Professeur de Mathématiques, de Physique et des élémens de Chimie; un Professeur de Grec, un Professeur de langue vivante; en tout, dix Maîtres.

VI.

Dans le cours de Grammaire, qui dureroit deux ans, on enseignera aux enfans:

L'Histoire sacrée, la Mythologie. On leur fera apprendre par cœur la déclaration des Droits de l'homme; la morale sera mise en action par le développement des faits historiques, par l'application des Droits de l'homme. On formera leur conscience par l'idée et le sentiment de la justice.

On leur donnera l'explication combinée des élémens des langues latine et françoise, de manière qu'on n'exerce pas seulement la mémoire, mais qu'on les fasse opérer par le (p.135) raisonnement. On leur fera connoître les principes de construction propres aux deux langues, et on fera l'application de ces principes dans la lecture des Auteurs françois, et l'explication des Auteurs latins.

Ils feront un cours abrégé de Géographie.

Ils rendront compte de leur travail de vive voix et par écrit, afin de se former de bonne heure au raisonnement, par l'analyse.

On les exercera pendant leurs récréations aux jeux les plus propres à développer leurs forces, et à les rendre souples et adroits. Leurs jours de congé seront destinés à des promenades, pendant lesquelles on les exercera à des marches précises qui les prépareront de loin aux évolutions militaires.

Dans les pensionnats on aura soin que chaque Élève se livre à un art d'agrément, comme la musique vocale ou instrumentale, le dessin, la danse, etc.

VII.

Dans le cours d'Humanités, qui durera deux ans, les jeunes Élèves étudieront:

La Constitution. Tous apprendront l'Acte constitutionnel dans l'espace des deux ans. Ils étudieront l'Histoire Grecque et Romaine.

Ils continueront l'étude des langues latine et françoise. On leur expliquera les Poëtes, les Historiens, les Moralistes, et on leur fera connoître les règles de la versification latine et françoise.

Même attention à les réunir pour les jeux qui donnent (p.136) au corps la force et la souplesse. On leur fera exécuter des marches et des évolutions combinées. Ils continueront l'exercice de l'art agréable qu'ils auront choisi. On les formera, s'il est possible, à la natation.

VIII.

Dans le cours de Rhétorique et de Logique réunies, qui dureroit deux ans, on enseignera:

Les époques principales de l'histoire de France. On s'attachera à leur faire connoître sur-tout les révolutions arrivées dans le gouvernement du Peuple françois. On leur fera comparer les principes des gouvernemens anciens avec la Constitution françoise: on fera aussi l'application des principes de la morale à la Constitution.

On leur développeroit concurremment dans la première année les principes de la Logique, ceux de la Métaphysique et ceux de l'art oratoire.

La seconde année sera consacrée particulièrement à la composition et aux exercices d'éloquence, sur-tout dans le genre délibératif. Les discussions sur les Lois, la Morale, la Métaphysique, la Constitution, seront faites tant par écrit que de vive voix.

Pour se disposer aux fonctions qu'ils auront à remplir un jour, les jeunes gens traiteront des questions contradictoirement, tant de vive voix que par écrit. Quelquefois ils formeront une sorte de tribunal, d'assemblée administrative ou municipale; ils y rempliront tour à tour les fonctions de juges, d'accusateurs publics, de jurés, d'officiers municipaux, (p.137) etc. Chacun d'eux sera obligé d'énoncer à haute voix son opinion.

C'est pendant ce cours sur-tout qu'ils pourront apprendre la langue grecque, ou une langue vivante. Ils seront exercés au maniement des armes et aux évolutions militaires, à la natation, etc.

IX.

Dans le cours de Mathématiques et de Physique, qui durera un an, on enseignera:

La Géométrie et la partie de l'Algèbre nécessaire pour entendre la mécanique dont on développera avec soin les principes applicables aux usages ordinaires de la vie.

La Physique, quelques élémens de Chimie et ceux de Botanique, dont on pourra faire l'application pratique pendant les promenades.

On continuera les exercices militaires.

X.

Il sera fait un réglement pour déterminer la distribution de ces diverses études, le temps, la durée des leçons, etc.

Les Professeurs et autres personnes pourront présenter aux Commissaires de l'Instruction publique chargés de la rédaction du réglement, leurs vues particulières et réfléchies sur le meilleur mode de distribution: ils se conformeront à l'esprit des cinq articles précédens, mais sans être tenus de s'astreindre à leur disposition littérale [3] (p.138)

XI.

Il sera composé pour les différens cours des ouvrages qui comprendront des élémens d'Histoire naturelle, des instructions sur les arts, l'industrie, les manufactures de la France, des notions sur les monnoies, les poids et mesures, etc. Ces ouvrages serviront de lecture aux enfans. On leur expliquera les points les plus essentiels.

XII.

Il sera aussi composé des ouvrages élémentaires sur toutes les parties de l'enseignement des Écoles de District. Les Auteurs qui voudront concourir, adresseront leurs ouvrages aux Commissaires de l'Instruction publique, qui suivront la marche indiquée à l'article des Écoles primaires. (p.139)

DES PENSIONS GRATUITES.

Les pensions gratuites sont des encouragemens accordés par la société, et distribués à ceux des jeunes gens qui, par des dispositions marquées, promettent de lui rapporter un jour le fruit de ses avances.

Article premier.

Il sera établi dans la maison principale d'éducation de chaque Département, au moins dix pensions gratuites en faveur des jeunes gens du Département, qui s'en seront rendus dignes par leur application et leurs talens.

II.

Ces pensions gratuites seront payées sur les revenus des fondations existantes pour l'éducation, dans les Collèges, Séminaires et autres maisons d'éducation du Département. Si les revenus n'étoient pas suffisans, il y sera suppléé Trésor public, sur le pied de 600 liv. par chaque pension gratuite.

III.

Il y aura de plus pour chaque Département, des pensions gratuites, destinées à des jeunes gens qui seront élevés gratuitement à Paris.

IV.

Les pensions gratuites établies à Paris, seront formées (p.140) de toutes les fondations existantes à Paris pour l'éducation, de celles connues sous le nom de Bourses, dans les Collèges, Séminaires et autres maisons d'éducation.

Ces fondations seront réunies sous une seule administration, et il en sera formé des pensions gratuites d'une valeur égale.

V.

Ces pensions gratuites seront réparties entre les quatre-vingt-trois Départemens. La base de la proportion sera celle de l'imposition, de la population et du territoire.

VI.

Le directoire du Département de Paris fournira l'état des biens et revenus de ces fondations aux Commissaires de l'Instruction publique, qui présenteront le projet de répartition à l'Assemblée Nationale, pour y être par elle statué ce qu'il appartiendra.

VII.

Les jeunes gens qui auront obtenu des pensions gratuites, seront distribués en nombre égal dans les maisons qui seront établies à Paris pour l'éducation publique.

Leur pension sera payée par l'Administration des biens de l'Éducation, d'après le taux qui sera fixé.

VIII.

Lorsqu'il sera offert des souscriptions volontaires pour (p.141) l'Éducation gratuite, elles seront faites aux Corps administratifs, qui traiteront de gré à gré pour la sûreté des soumissions.

L'état des souscripteurs et des souscriptions volontaires sera mis tous les ans sous les yeux du Corps législatif.

IX.

Les directoires de Département nommeront aux pensions gratuites de leur arrondissement, et ne pourront les Administrateurs faire tomber le choix sur leurs enfans, pendant le temps de leur administration.

X.

Tous les ans les Maîtres d'Écoles primaires, et ceux des Écoles de District, remettront à la Municipalité la liste de leurs Élèves, contenant leur âge, leur pays, avec des observations sur ceux qui se seront distingués par leurs progrès et leurs talens.

La Municipalité vérifiera la liste, et l'enverra au Directoire du District, qui la fera passer au Directoire du Département.

XI.

A la vacance d'une pension gratuite, chaque Directoire de District présentera au Directoire de Département les noms des six jeunes gens qui auront obtenu les témoignages les plus distingués pour leurs progrès, leur conduite et leurs talens; le Directoire de Département nommera l'un d'eux à la pluralité des voix, et en cas de partage, au scrutin individuel. (p.142)

XII.

A la fin de chacun des cours d'études qui composent l'enseignement public dans les Écoles de District, les jeunes gens qui auront obtenus des pensions gratuites, seront examinés sur toutes les parties de l'instruction du cours qu'ils auront achevé. S'ils sont jugés n'avoir pas profité de leurs études, ils seront remis à leurs parens, et il sera procédé à une nouvelle nomination.

XIII.

Les Juges de cet examen seront ceux qui auront été nommés pour l'examen des éligibles aux places de l'enseignement public.

XIV.

Il sera rendu compte deux fois par an au Directoire du Département, de la conduite et des progrès des Élèves qui jouissent des pensions gratuites.

XV.

Il sera rendu, par les Commissaires de l'Instruction publique, un compte général de l'état des revenus concernant les pensions gratuites, de la conduite et des progrès des Élèves, et même de ceux qui se seront distingués d'une manière plus particulière par leurs talens.

XVI. (p.143)

Les Titulaires actuels des bourses les conserveront jusqu'à la fin du cours d'étude enseigné dans les Écoles de District.

XVII.

Les bourses dites de famille, ainsi que leur nomination, si elle est réservée aux parens, seront conservées aux familles, jusqu'à l'extinction des descendans désignés par la fondation.

Ceux qui les auront obtenues, seront soumis à tous les réglemens qui concernent les Élèves nationaux.

XVIII.

Les Étudians en droit ne devant point être réunis dans des pensionnats, il n'existera point pour eux de pensions gratuites; seulement les jeunes gens sortant des Écoles de District, qui auront eu des succès très-distingués, pourront être dispensés, de la rétribution donnée au Maître. Les Commissaires de l'Instruction, sur la demande motivée des directoires des Départemens, présenteront à l'Assemblée Nationale les moyens de remplir, avec justice et économie, cet objet de l'Instruction publique.

De l'élection, de la nomination et de la destitution des Maîtres d'Écoles primaires et de District.

Les Maîtres d'Écoles primaires et de District doivent être éclairés et vertueux, puisqu'ils sont également chargés d'instruire (p.144)les enfans et de les former à la vertu. Leurs talens seront donc éprouvés par des examens sévères; et les précautions qui seront prises pour leur nomination, garantiront aux pères et à la Société les qualités morales des Maîtres auxquels sera confiée l'espérance des familles et celle de la Patrie.

Article premier.

Il sera fait une liste d'éligibles dans laquelle seront choisis les Maîtres qui enseigneront, soit dans les Écoles primaires, soit dans les Écoles de District.

II.

Ceux qui se destineront à l'enseignement des Écoles primaires, se rendront à un temps indiqué chaque année, aux chefs-lieux de District qui seront déterminés par le directoire du Département. Le directoire nommera cinq Juges, dont deux au moins seront choisis parmi les Maîtres publics. Les Candidats seront examinés sur toutes les parties de l'enseignement des Écoles primaires. Ceux qui seront reçus à l'examen, seront inscrits sur la liste des éligibles.

III.

Ceux qui se destineront à l'enseignement dans les Écoles de District, se rendront à un temps indiqué chaque année, au chef-lieu du Département. Il y aura autant d'examens (p.145) différens qu'il y aura de cours d'enseignement. Le Directoire du Département nommera, pour chaque examen, cinq Juges, dont deux au moins seront choisis parmi les Maîtres publics. Les Candidats seront examinés sur toutes les parties de l'enseignement du cours pour lesquels ils se seront présentés. Ceux qui seront reçus à l'examen, seront inscrits sur la liste des éligibles.

IV.

Ceux qui seront reçus à l'examen pour le cours d'Humanités, seront reçus aussi pour le cours de Grammaire. Ceux qui seront reçus à l'examen pour le cours de Rhétorique et de Logique réunies, seront aussi éligibles pour les deux premiers cours.

V.

Les Professeurs de langue vivante et de langue grecque seront nommés par les directoires des Départemens, et subiront un examen préalable avant de prendre possession de leurs Chaires, si mieux n'aiment les directoires des Départemens s'adresser, pour le choix de ces Maîtres, aux Commissaires de l'instruction publique.

VI.

Les Procureurs-syndics des Districts enverront dans la huitaine de l'examen, au Procureur-syndic du Département, la liste des éligibles pour les Écoles primaires; cette liste contiendra leurs noms, âge et pays. (p.146)

VII.

Le Procureur-général-syndic du Département enverra, dans la quinzaine après l'examen, la liste de tous les éligibles du Département, aux Commissaires de l'instruction publique.

VIII.

Les Commissaires de l'instruction publique feront imprimer la liste générale de tous les éligibles pour les différens genres d'enseignement; ils y joindront la liste des Maîtres enseignans dans les Écoles publiques. Cette liste sera envoyée tous les ans à tous les Districts et Départemens du Royaume.

IX.

Lorsqu'une place de Maître d'école primaire sera vacante, le Procureur-syndic de la Municipalité en donnera avis au Procureur-syndic du District; le Directoire nommera à la place vacante, parmi tous les éligibles du Royaume.

X.

Lorsqu'une place de Maître d'École de District sera vacante, le Procureur-syndic de la Municipalité en donnera avis au Procureur-syndic du Département. Le Directoire du Département nommera à la place vacante, parmi tous les éligibles du Royaume. (p.147)

XI.

Le Maître nommé recevra du Roi un brevet d'institution. Avant d'entrer dans l'exercice de ses fonctions, il prêtera le serment civique entre les mains de la Municipalité.

XII.

Nul ne sera Maître public dans les Écoles primaires ou de District avant vingt-un ans. Nul ne sera Inspecteur des Études ou Principal, qu'il n'ait été Professeur pendant cinq ans.

XIII.

A la prochaine organisation de l'éducation publique, les Maîtres seront choisis de préférence parmi ceux qui sont présentement en exercice.

XIV.

Ceux qui ne seroient pas employés, seront inscrits sur la liste des éligibles.

XV.

Les Municipalités seront chargées de l'inspection et surveillance des Écoles primaires, et les Directoires de District de la surveillance des Écoles de District.

XVI.

Les Municipalités feront connoître au Procureur-syndic du District, et les Directoires de District aux Procureurs-syndics (p.148) des Départemens, les plaintes faites contre les Maîtres pour fait de leur enseignement. Ils ne pourront être destitués que par le Directoire du Département, à la pluralité des trois quarts des voix, et après avoir été entendus.

Du traitement des Maîtres.

Il a été décrété constitutionnellement que l'instruction publique seroit gratuite à l'égard des parties de l'enseignement indispensable pour tous les hommes. Ainsi l'enseignement des Écoles primaires est une dette qui sera acquittée entièrement par la Société. Si les Écoles de District sont nécessaires à un grand nombre, elles ne sont pas indispensables à tous. C'est assez pour la Société d'assurer aux Citoyens, et de leur faciliter les moyens de cette instruction. Les Maîtres des Écoles de District recevront donc de l'État un traitement fixe, strictement nécessaire. Le surplus sera acquitté par ceux qui auront intérêt à recevoir cette instruction; de manière que cette partie du paiement, variable à raison du nombre des Élèves, excite l'émulation des Maîtres, et soit la récompense de leurs talens.

Article premier.

Le traitement des Maîtres d'Écoles primaires sera gradué selon les localités. Le maximum sera de 1,000 liv., avec un local pour l'école. Le minimum sera de 400 livres.

II.

Le traitement des Maîtres d'Écoles primaires de Paris, sera de 1,000 liv.

III.

Le traitement fixe, et le traitement variable des Maîtres (p.149) d'École de District de Paris, seront déterminés ainsi qu'il suit:

Les Professeurs du cours de Grammaire recevront 1,400 l., et chaque Écolier payera 24 livres par an.

Les Professeurs du cours d'Humanités, ceux de grec, et de langue vivante recevront 1,600 livres, et chaque Écolier payera 24 liv.

Les Professeurs de Rhétorique et de Logique et ceux de Mathématiques recevront 1,800 liv., et chaque Écolier payera 36 liv.

IV.

Le traitement fixe de l'Inspecteur ou Principal sera de 4,000 liv.

V.

Les Départemens proposeront la graduation du traitement fixe et variable des Professeurs, et celui du Principal, d'après la population et le mode indiqué pour la ville de Paris. L'état qu'ils auront dressé sera envoyé par eux aux Commissaires de l'Instruction, pour être, sur leur rapport, statué définitivement par l'Assemblée Nationale.

VI.

Tout Maître d'École primaire aura, après vingt ans d'exercice, son traitement pour retraite.

VII.

Tout Maître d'École de District aura aussi pour retraite, (p.150) après vingt ans d'exercice, la totalité de son traitement fixe.

L'Inspecteur des Études ou Principal aura pour retraite le même traitement que les Professeurs de Rhétorique et de Mathématiques.

Nota. Il y aura à Paris quarante-huit Maîtres d'Écoles primaires, à 1,000 livres	48,000	liv.
Chacun des Collèges sera composé,		
D'un Inspecteur	4,000	
D'un Maître de Mathématiques et de Physique	1,800	
De deux Professeurs de Rhétorique et de Logique, réunies	3,600	
Deux Professeurs d'Humanités	3,200	
Deux Professeurs de Langues	3,200	
Deux Professeurs de Grammaire	2,800	
	_____	
Total	18,600	
	======	
Et pour six Écoles de District	111,600	
Total des Écoles primaires et de District	159,600	

Nota. La seule Faculté des Arts de l'Université de Paris recevoit 500,000 livres assignées sur les postes indépendamment de 70,000 liv. de rente dont l'Université étoit propriétaire.

Retraite des Professeurs actuels.

La nouvelle organisation de l'instruction publique laissera sans fonctions des hommes estimables qui s'étoient voués aux soins pénibles de l'enseignement. L'Assemblée Nationale, qui sait apprécier leurs services, ne sera pas injuste à leur égard. Quelques-uns (p.151) touchent au terme qui leur donnoit droit à une pension de retraite. Nous vous proposerons de les en faire jouir dès-à-présent. D'autres en sont plus éloignés, et pour ceux-ci, nous établirons un mode de traitement proportionné à la durée de leurs services. Toutefois nous observerons que la presque totalité pourra être employée dans les nouvelles Écoles.

Article premier.

Les Maîtres publics retirés avec la pension d'émérite, la conserveront toute entière.

II.

Ceux qui sont encore en exercice et qui ont rempli le temps prescrit, obtiendront en entier leur pension d'émérites.

III.

Les Professeurs actuels de l'Université de Paris, qui n'ont pas encore atteint l'éméritat et qui ne seront pas employés dans l'enseignement public, auront une pension de retraite fixée d'après les proportions suivantes:

Ceux qui ont moins de cinq ans d'exercice, auront 500 liv.

Ceux qui ont plus de cinq ans et moins de dix ans d'exercice, auront 800 liv.

Ceux qui auront plus de dix et moins de quinze ans d'exercice, auront 1,100 liv.

Ceux qui ont plus de quinze ans d'exercice, auront 1,400 liv. (p.152)

IV.

Les Professeurs de l'Université qui ont quitté leur chaire pour refus de prestation de serment, auront une pension de 500 livres.

V.

Les Professeurs et Maîtres publics de tous les Départemens, qui ne seront pas employés dans la nouvelle organisation publique, auront une retraite graduée d'après le mode qui vient d'être établi.

VI.

Tous Officiers, Appariteurs, et autres personnes attachées aux Universités, et dont les emplois sont supprimés, recevront une pension ou une indemnité, d'après l'avis des Départemens, qui sera présenté aux Commissaires de l'Instruction publique pour en être rendu compte à l'Assemblée Nationale.

Des pensionnats.

Les pensionnats sont destinés à remplacer les soins de la maison paternelle pour les enfans, à l'égard desquels les occupations de leurs pères ne permettent pas de suivre les détails journaliers de l'éducation; la société veut que les enfans élevés dans les principes de l'égalité, habitués à l'ordre et au travail, encouragés par l'émulation et l'exemple, soient rendus à leur famille, tels qu'un père sage auroit désiré les avoir formés lui-même.

Article premier.

L'Inspecteur ou Principal chargé du maintien de la discipline, (p.153) aura soin que l'ordre établi par la loi soit invariablement observé par les Maîtres et par les Élèves.

II.

Tous les soins de la recette et de la dépense seront confiés à un Économe, qui rendra ses comptes tous les mois en présence de l'Inspecteur ou Principal, et de deux membres de la Municipalité. Les comptes seront vérifiés chaque année par le Directoire de District, et arrêtés par le Directoire du Département.

III.

Tous les citoyens étant égaux devant la loi, il n'y aura aucune distinction entre les enfans; soumis à la même règle, nourris à la même table, ils seront élevés ensemble et par des maîtres communs.

IV.

Pour accoutumer les jeunes gens à connoître les convenances sociales, à respecter leurs droits et leurs devoirs réciproques, on cherchera les moyens de les associer en quelque sorte au gouvernement des pensionnats, et de les faire concourir, par leurs volontés et leurs jugemens, au maintien du bon ordre. Il sera composé par les Commissaires de l'Instruction publique, un réglement pour parvenir à ce but; mais ce réglement ne sera envoyé aux Départemens, que lorsqu'ils auront jugé que les progrès de la raison et (p.154) une éducation plus soignée et mieux dirigée, en auront facilité l'exécution.

ÉCOLES DE DÉPARTEMENT.

Écoles pour les Ministres de la Religion.

L'Instruction réservée aux Ministres du culte, intéresse la Nation par les nombreux rapports qu'elle peut avoir avec le bien des Peuple. L'Assemblée Nationale veut que ceux qui se destinent à cette profession, trouvent, dans les Écoles publiques, l'enseignement le plus complet sur tout ce qui appartient essentiellement à un Ministère de charité; mais elle juge qu'il est de son devoir d'en écarter, avec soin, tout enseignement qui ne seroit visiblement propre qu'à égarer les esprits et à porter le trouble dans la société.

Article premier.

Chaque Département jugera s'il lui est utile d'avoir un Séminaire particulier, ou s'il n'est pas meilleur pour lui de s'associer, pour ce genre d'instruction, à un Département voisin.

Les Séminaires métropolitains pourront servir pour tous les Diocèses de leur ressort.

II.

Il y aura dans chaque Séminaire deux Professeurs, dont les leçons seront publiques et en françois: elles comprendront (p.155) exclusivement, 1°. les titres fondamentaux de la Religion catholique puisés dans leur source; 2°. l'exposition raisonnée des divers articles que doit comprendre explicitement la croyance de chaque fidèle; 3°. le développement de la morale de l'évangile; 4°. les lois particulières aux Ministres du culte catholique; 5°. les principes, ainsi que les objets habituels de la prédication; 6°. les détails appartenans à un ministère de consolation et de paix, soit dans l'administration des sacremens, soit dans le gouvernement des paroisses.

L'enseignement complet ne durera pas plus de deux ans.

III.

Il y aura en outre un Supérieur, un Économe et un Suppléant, ou tout au plus deux dans les grandes Villes.

IV.

Ils seront tous nommés par le Directoire du Département, conjointement avec l'Évêque, et seront pris sur une liste d'éligibles, faite d'après le mode déterminé pour les Écoles de District.

V.

Ils seront logés et nourris. Le maximum de leur traitement sera de 1,000 liv., le minimum de 600 liv. Les Professeurs recevront en outre une rétribution annuelle des Élèves, qui nulle part ne pourra excéder 24 liv. par an. Le supérieur aura 1,200 liv, de fixe, et 1,500 liv. à Paris. (p.156)

VI.

Les Professeurs qui ne voudroient pas être nourris dans le Séminaire, auront les mêmes appointemens que les Professeurs de Logique des Écoles de District.

VII.

Au bout de vingt ans ils obtiendront la pension d'émérite: elle sera, pour les uns et les autres, de la totalité des appointemens fixes attribués aux Professeurs externes. Dans le cas où, à cette époque, ils accepteroient une place à appointemens, leur pension seroit réduite, mais ne pourroit l'être de plus de moitié.

VIII.

Le Directoire du Département déterminera le prix de la pension que payeront les Élèves qui voudront mener une vie commune dans le Séminaire.

IX.

Les Supérieurs, Directeurs, Professeurs, Économes des Séminaires, pourront être destitués par le Directoire du Département, mais seulement à la majorité des trois quarts des voix.

X.

Toutes les anciennes chaires, Écoles, et facultés de Théologie et de Droit-Canon sont supprimées. (p.157)

XI.

Toutes les fondations de bourses, affectées à l'étude de la Théologie et du Droit-Canon, seront regardées à l'avenir comme fondations appartenantes à l'éducation en général, et suivront le sort des autres bourses en tout ce qui sera décrété à cet égard par l'Assemblée Nationale.

XII.

Et néanmoins tous ceux qui sont en ce moment légitimement pourvus d'une bourse de Théologie, pourront continuer d'en jouir jusqu'à la fin de leur nouveau cours d'études théologiques, s'ils n'aiment mieux achever le temps qui leur restoit à courir dans tout autre cours de science, auquel cas ils s'adresseront au Directoire du Département dans lequel leurs bourses sont établies, pour faire autoriser cette conversion.

XIII.

Quant aux Boursiers-Théologiens qui n'auront pas opté pour un autre cours d'Études, ils seront tous réunis dans le Séminaire Métropolitain du ressort où se trouvent leurs bourses.

XIV.

Tout établissement fondé pour l'enseignement de la Théologie, ou pour réunir des Étudians en cette partie, lors même qu'il seroit régi par des congrégations non supprimées, (p.158) est converti en simple établissement d'éducation. Les biens, revenus et maisons, formant lesdits établissemens et tous autres vacans, seront provisoirement administrés, ainsi que le sont les biens, revenus et maisons des Collèges, sous la direction des administrations de Département.

XV.

Les Supérieurs, Directeurs, Professeurs et autres personnes employées dans lesdits établissemens, soit qu'ils appartiennent aux Ordres religieux abolis, ou à quelque Congrégation séculière non encore supprimée, soit enfin qu'ils n'appartiennent à aucune Corporation, auront droit à un traitement viager, qui sera proportionnellement réglé par un Décret particulier.

XVI.

Le mode des épreuves, la nature et la durée des examens, l'ordre des leçons, etc. comme aussi le traitement des Directeurs et Économe, seront l'objet d'un réglement.

ÉCOLES DE MÉDECINE.

Le bien public, autant que l'intérêt de la science, demande que les différentes parties de la Médecine, qui, jusqu'à ce jour, ont été enseignées et pratiquées séparément, soient réunies; que l'enseignement se fasse auprès des grands rassemblemens de malades; qu'une instruction élémentaire et (p.159)préparatoire commence dans tous les Départemens, et qu'elle se termine dans un petit nombre d'Écoles où l'enseignement sera complet, et où la faculté de pratiquer la Médecine, dans tout le Royaume, sera accordée, d'après des examens sévères sur le savoir, et non sur le temps des études.

Article premier.

Il sera établi en France quatre grandes Écoles nationales de l'art de guérir, sous le nom de Collèges de médecine, dont l'un sera placé à Paris un à Montpellier, un à Bordeaux et un à Strasbourg. L'enseignement complet de la médecine, de la chirurgie et de la pharmacie sera fait également dans ces quatre Collèges, par douze Professeurs entre lesquels seront partagées toutes les parties théoriques et pratiques de cet enseignement, conformément à l'état ci-joint (page 164).TABLEAUX

II.

A chacun des quatre Collèges de médecine, sera annexé un hôpital dans lequel la médecine, la chirurgie et l'art des accouchemens seront enseignés près du lit des malades.

III.

Il sera formé dans chaque Département, auprès des hôpitaux civils, militaires et de la marine, des écoles secondaires de médecine, dans lesquelles les Médecins attachés à l'hôpital enseigneront les élémens de l'art de guérir; et les Pharmaciens, ceux de la pharmacie. (p.160)

IV.

Il sera établi dans les hôpitaux, disposés pour l'enseignement, des bourses pour défrayer entièrement ou en partie des Élèves choisis qui seront employés dans l'hôpital à l'une des parties du service. Les Départemens détermineront l'étendue et l'application de ce secours.

V.

Les chaires de toutes les écoles de médecine seront données au concours: le mode de rénovation des maîtres sera déterminé par un réglement particulier.

VI.

Le traitement de chacun des professeurs consistera, 1°., en appointemens qui lui seront payés par le trésor public; 2°. en une rétribution qui lui sera payée par chacun des Étudians qui voudra suivre ses leçons. Un réglement particulier en déterminera la quotité.

VII.

Les Élèves seront absolument libres pour le lieu, l'époque, l'ordre, la durée et le mode de leurs études. En conséquence ils ne seront tenus ni à s'inscrire sous les différens Professeurs, ni à présenter des certificats d'assiduité, mais tous ceux qui voudront exercer l'art de guérir ou la pharmacie, subiront préalablement, dans un des (p.161) quatre Collèges de médecine, les épreuves déterminées pour l'une et pour l'autre partie par le Corps législatif.

VIII.

Dans ces examens les Candidats répondront de vive voix aux questions qui exigent des démonstrations, par écrit à celles qui n'en exigent pas.

IX.

L'examen de Médecine pratique se fera dans l'Hôpital où l'École Clinique aura été établie, et près du lit des malades sur l'état et sur le traitement desquels l'Élève donnera par écrit son avis motivé. Ce sera sur cet écrit qu'il sera jugé définitivement par les Examineurs.

X.

Tout homme âgé de vingt-cinq ans, qui, dans ces preuves, aura été reconnu capable d'exercer l'art de guérir, sera déclaré Médecin.

XI.

Sous cette dénomination de Médecin, seront compris à l'avenir tous les individus qui étoient ci-devant désignés sous les noms de Médecins et de Chirurgiens; les études, les épreuves, les droits et les devoirs seront les mêmes pour les uns et pour les autres, sans aucune distinction quelconque. (p.162)

XII.

Les Médecins reçus dans l'un des quatre grands Collèges, pourront exercer la Médecine dans toute l'étendue de l'Empire François. Il suffira qu'après avoir fait reconnoître leurs lettres de réception, ils se fassent inscrire sur le registre de la Municipalité, dans le ressort de laquelle ils se proposeront d'exercer leur art. Eux seuls seront admissibles au titre et aux fonctions, soit publiques, soit privées, de leur profession, pour l'enseignement, la pratique et les rapports, dans tous les établissemens civils et militaires.

XIII.

Tous ceux qui, à l'âge de vingt-cinq ans, auront été trouvés capables d'exercer la Pharmacie, seront déclarés Pharmaciens; ils pourront seuls exercer cette profession dans toute l'étendue du Royaume.

XIV.

L'ordonnance et la vente des médicamens sont incompatibles; aucun individu ne pourra, hors le cas de nécessité, joindre les fonctions de Médecin à celles de Pharmacien.

XV.

Toute personne non reçue Médecin ou Pharmacien, dans un des grands Collèges de Médecine, qui en prendra le titre dans un acte ou un écrit quelconque, ou qui (p.163) se permettra d'exercer habituellement la Médecine ou la Pharmacie, sera punie d'une amende de cinq cents livres.

XVI.

Les réceptions seront gratuites.

XVII.

Les concours, les leçons, les examens, les réceptions, tous les actes et tous les exercices des Écoles de Médecine, se feront publiquement et en langue françoise.

XVIII.

Il sera établi dans un des hôpitaux de chaque Département, une école de l'art des accouchemens, à laquelle seront appellées les Sages-femmes des divers Départemens.

XIX.

Tout Corps de Médecine, de Chirurgie et de Pharmacie, connus sous les noms de Facultés, de Collèges, de Communautés; toutes charges, tous privilèges, relatifs à l'art de guérir ou à la Pharmacie, sont supprimés, à dater du présent Décret; toutes réceptions de Médecins, de Chirurgiens et de Pharmaciens sont interdites jusqu'à rétablissement des nouvelles Écoles de Médecine.

(On estime à-peu-près à 240,000 livres la dépense annuelle des quatre Collèges de Médecine). (p.164)

Nota. Les formes des concours, des épreuves, des réceptions, l'organisation des Écoles, l'ordre et la durée des leçons, la division des parties d'enseignement entre les Professeurs, la fixation de leur traitement particulier, seront l'objet d'un Réglement.

TABLEAU

De l'enseignement qui sera fait dans chacun des quatre Collèges de Médecine.

1°. Cours de Physique Médicale et d'Hygiène, faits séparément	un Professeur.
2°. Cours d'Anatomie et de Physiologie, faits séparément	un Professeur.
3°. Cours de Chimie	un Professeur.
4°. Cours de Pharmacie-pratique. Ce Cours très-détaillé sur la connoissance et la préparation des drogues médicinales, sera sur-tout nécessaire à l'instruction des Élèves en Pharmacie. Il sera toujours fait par un Pharmacien	un Professeur.
5°. Cours de Botanique et de Matière médicale, faits séparément	un Professeur.
6°. Cours de Médecine théorique ou d'instituts, comprenant la Pathologie, la Séméiotique, (p.165)la Nosologie et la Thérapeutique	un Professeur.
7°. Cours d'Histoire de la Médecine, des progrès de l'art, de la méthode de l'étudier; Cours de Médecine légale, faits séparément	un Professeur.
8°. Cours de Médecine-pratique des maladies internes, fait, partie au lit des malades, partie dans une salle voisine	deux Professeurs.
9°. Cours de Médecine-pratique des maladies externes, fait, partie au lit des malades, partie dans une salle voisine	deux Professeurs.
10°. Cours théorique et pratique d'accouchemens, des maladies des femmes en couche, et de celles des enfans	un Professeur.

Ce tableau est conforme à celui qui a été rédigé par le Comité de Salubrité, et à celui qui a été présenté par le Comité de Médecine à l'Assemblée Nationale, en 1790. (Voyez Nouveau Plan de Constitution pour la Médecine, etc. pag. 19 et 20).

Écoles pour l'enseignement du Droit.

L'enseignement du Droit doit être tellement ordonné, qu'il soit réparti, autant qu'il est possible, à des distances égales, et dans des villes considérables: il doit être complet dans son ensemble, distribué de manière que chaque Maître atteigne plus facilement la perfection; que, parmi les Élèves, ceux dont l'esprit conçoit rapidement le saisissent à-la-fois tout entier; que ceux dont l'intelligence est plus lente, se le partagent (p.166) à leur gré dans un temps plus étendu; que, dans les épreuves à subir par les aspirans, aucun intérêt ne laisse de soupçon sur l'impartialité du jugement; que l'émulation des Élèves multiplie leurs efforts au profit de la science, et que leur réputation les désigne pour les places que distribue l'estime publique. Nous proposons le projet de Décret suivant:

Article premier.

Il y aura dix Écoles de Droit, chacune dans un chef-lieu de Département [4].

II.

Dans chaque École de Droit, il y aura quatre Professeurs, un de constitution, qui enseignera en même-temps le droit naturel, un de droit civil, un de droit coutumier, un de forme civile et criminelle. A Paris, il y aura huit Professeurs, deux de chaque espèce.

III.

Les Législatures détermineront le temps où une partie de l'enseignement sera changée, à raison des nouvelles lois qui auront été faites.

IV.

Chaque Professeur donnera son cours entier en dix mois. Les leçons se feront en françois. Elles auront lieu (p.167) tous les jours, excepté les dimanches et fêtes, et à des heures différentes.

V.

Les Professeurs seront choisis, la première fois par les Directoires de Département, parmi les membres des Facultés de Droit actuellement en exercice pour l'enseignement ou pour la collation des degrés. S'il n'y en a pas qui puissent être choisis, le Directoire de Département nommera un membre d'une autre Faculté de Droit, ou enfin pourra choisir des hommes de loi. Dans la suite, quand il viendra à vaquer des chaires, le choix sera fait, parmi les hommes de loi, par les Directoires de Département, conjointement avec les Professeurs de Droit. Il sera pourvu de la même manière à la nomination des suppléans.

VI.

Pour destituer un Professeur de Droit, il faudra les trois quarts des voix de tout le Directoire du Département.

VII.

Le traitement des Professeurs de Droit sera en partie fixe et en partie casuel. Le traitement fixe sera payé tous les trois mois, par le Trésorier public; le traitement casuel, tous les mois, par chaque Étudiant. A Paris, le fixe annuel sera de trois mille livres; le casuel, par mois, de douze livres; dans les autres villes de Département, le fixe, de deux mille quatre cents livres, le casuel, de neuf livres. (p.168)

VIII.

Les membres ci-dessus désignés des Écoles de Droit, qui ont maintenant ou qui auront servi vingt ans dans les Écoles, auront l'éméritat, et, pour pension de retraite, les deux tiers du traitement fixe marqué ci-dessus. Ceux qui auront maintenant plus de quinze ans d'exercice, et qui ne seront pas conservés, seront, pour cette fois seulement, regardés comme émérites.

IX.

Les membres des Facultés de Droit qui ne seroient pas employés dans la nouvelle organisation, s'ils ont de dix à quinze ans de service, recevront les trois cinquièmes du traitement fixe, de cinq à dix ans la moitié, et au-dessous les deux cinquièmes [5].

X.

Le traitement, ou la retraite des Officiers attachés aux Écoles de Droit, sera réglé par la Législature suivante, sur la demande des Directoires de Département.

XI.

Pour acquérir la qualité d'homme de loi, il faudra être reçu après un examen sur toutes les matières de l'enseignement du Droit. L'examen sera gratuit. (p.169)

XII.

L'examen se fera en public; le Candidat sera interrogé par les Professeurs et par les Étudians.

XIII.

Les suffrages seront donnés au scrutin par les Professeurs. Il faudra, pour être admis ou refusé, la pluralité des suffrages. Si le Candidat est admis, il lui sera délivré une Patente d'Homme de loi, signée des Professeurs de Droit, et scellée du sceau du Département. Si le Candidat est refusé, il pourra se représenter dans la même Faculté, ou dans un autre à son choix.

XIV.

Lorsqu'il se présentera, le Candidat sera interrogé en public par les Professeurs, conjointement avec quatre hommes de loi nommés par le Département, lesquels auront suffrage au scrutin avec les Professeurs.

XV.

Celui qui sera refusé dans ce second examen, ne pourra se représenter à un troisième, qu'il n'ait suivi assiduement le cours entier des quatre Professeurs dans une École de Droit quelconque; alors il subira, dans l'École qu'il choisira, ce troisième examen, suivant la forme prescrite pour le second. Cette troisième fois, s'il est refusé, il ne pourra plus se représenter. (p.170)

XVI.

Afin qu'un Candidat non admis dans un Département, ne subisse pas dans un autre une épreuve du même genre que celle d'après laquelle il aura été rejetté, chaque École de Droit tiendra un registre où seront marqués les admissions et les refus. Un relevé de ce registre sera envoyé, tous les mois, à Paris, aux Commissaires de l'Instruction publique, lesquels adresseront, s'il y a lieu, un certificat portant que le récipiendaire a subi le genre d'examen auquel il étoit tenu de se présenter.

XVII.

Dans les quinze derniers jours de l'année scholastique, les Étudians en Droit non reçus Hommes de loi, ou reçus dans le cours de l'année, pourront se présenter à l'École de Droit, pour subir l'épreuve suivante, que l'on appellera licence en Droit. Chacun des Candidats, à son tour qui sera réglé par le sort, soutiendra, en public, un examen, dans lequel les concurrens lui feront, sur la manière de l'enseignement, les questions qu'il leur plaira de proposer. Les Professeurs seront juges, et après en avoir conféré entre eux et pris pour arrêté l'avis de la majorité, ils proclameront la moitié des Candidats la plus méritante, et marqueront l'ordre que chacun aura obtenu dans leur estime. Ce tableau des places sera exposé, pendant vingt ans, dans l'École de Droit, dans les Tribunaux de Districts du Département, dans les salles des assemblées primaires, (p.171) dans celles des Électeurs, et transcrit, au Département dans un registre particulier que tous les citoyens pourront toujours consulter.

Chaque Département enverra, au Commissaire du Roi chargé des Écoles de Droit, [6] le nom du premier de la licence. Le Commissaire du Roi fera une liste générale des premiers de licence en Droit dans le Royaume; il l'adressera à tous les Départemens, pour qu'elle y soit affichée, pendant vingt ans, dans un tableau particulier. Il sera tenu de la présenter au Ministre de la Justice, lorsqu'il y aura des nominations à faire par le Roi, pour le service des Tribunaux.

Traitement.

Dans la nouvelle organisation, il y a neuf Écoles de Droit à quatre Professeurs chacune: Paris en a huit, ce qui fait en tout quarante-quatre.

Paris, huit fois 3,000 livres	24,000	liv.
Les autres Écoles, neuf fois 2,400 livres, multipliées par quatre	86,400 (p.172)	

Le traitement des Officiers-appariteurs pourra être évalué à	5,000
Total des traitemens	115,400

Retraite.

Du nombre total de cent vingt individus qui composoient les Facultés de Droit dans l'état passé, retranchant les quarante-quatre qui feront le service des nouvelles Écoles, il resta soixante-seize personnes non employées.

Sur ce nombre, vingt-cinq au moins ont droit à la vétérance. Paris lui seul en a huit; à 2,000 liv.	16,000
Les autres Facultés, dix-sept à 1,600 livres	27,200
La retraite des Officiers vétérans de ces Facultés pourra être estimée à	3,000
Total pour les vétérans	46,200

Les personnes qui n'ont pas la vétérance sont, d'après ce calcul, au nombre de cinquante-une.

Le choix des Départemens, pour former les nouvelles Écoles, tombera naturellement sur les personnes de moyen âge: celles qui ne seront pas placées se trouveront dans la classe de la moindre ancienneté pour le service: elles auront entre la moitié et les deux cinquièmes du traitement. Évaluant, l'un dans l'autre, la part de chacun à 1,000 livres, on a pour résultat	51,000
La retraite pour les Officiers non-vétérans pourra s'estimer	3,000
Total présumé des retraites	100,200

(p.173)

ÉCOLES MILITAIRES.

Les Écoles Militaires ont pour objet de former des hommes de guerre pour un Pays libre, des Chefs-Citoyens, des Soldats subordonnés; de placer à côté de l'armée de grandes pépinières où elle puisse toujours trouver des sujets déjà capables d'une utile activité, et par-là d'ouvrir la carrière militaire à toutes les classes de

Citoyens, en offrant à leur disposition les études nécessaires pour obtenir les premiers grades d'Officiers.

Leurs moyens sont une instruction commune sur les élémens de toutes les connoissances qui se rapportent à l'art de la guerre, la pratique de tous les exercices et de tous les devoirs que commande cette profession, la surveillance active d'anciens Officiers, qui, dans cette même profession, ont bien mérité de leur Patrie; enfin, tous les ressorts de l'émulation et toute l'influence des bons exemples.

Article premier.

Il sera établi dans chacune des vingt-trois Divisions militaires, une École de Division qui sera commune à tous les Départemens dont se compose la même Division. On y recevra les sujets que leurs parens destinent à devenir Officiers, et qui n'auront ni moins de 14 ni plus de 16 ans. Ils y feront pendant deux ans les études nécessaires pour acquérir les premières connoissances militaires; on leur enseignera le maniement des armes, les Langues allemande et angloise, le Dessin, les Élémens de Mathématiques appliqués à l'art de la Guerre, la Géographie, l'Histoire, et sur-tout un Catéchisme de Morale (p.174) social et politique, dans lequel seront exposés les droits et les devoirs de l'homme en société relativement à l'État et à ses semblables les Devoirs de l'homme de Guerre relativement à ses chefs et ses subordonnés.

II.

Il sera établi six grandes Écoles militaires pratiques dans les Places frontières, les plus importantes. Les jeunes gens de l'âge de 16 ans qui auront suivi l'École de Division pendant deux années, seront admis dans celles-ci par la voie du concours. Ils y répéteront pendant deux autres années leurs premiers cours d'étude avec plus d'étendue et de développement: on leur expliquera un traité de fortification, les élémens de l'artillerie, et ils seront en outre exercés à la pratique de tous les détails et de tous les devoirs militaires. En conséquence il sera entretenu gratuitement dans chacune des grandes Écoles un nombre suffisant d'élèves pour former un Régiment. Ces élèves seront nommés par les Départemens à proportion de ce que chacun d'eux fournit communément, de Soldats à l'armée, et choisis de préférence parmi les enfans d'anciens Soldats, et les pauvres Orphelins.

III.

Ces grandes Écoles seront toujours établies dans un corps de caserne, qui n'aura point de communication immédiate avec un autre. Le Régiment composé des Élèves qui seront répartis dans les différentes Compagnies, soit comme (p.175) Officiers, soit comme Soldats, et commandés par d'anciens Officiers de Troupes de ligne, qui seront susceptibles des grades supérieurs, y fera le service intérieur; comme dans une Place de Guerre, et devra même concourir plusieurs jours de l'année au service de la Place avec le reste de la Garnison.

IV.

Les détails de l'organisation de ces différentes Écoles, et les règles suivant lesquelles les Élèves en sortiront, pour entrer dans les Troupes de ligne, appartenans au système militaire, seront déterminés par des lois particulières. (p.176)

INSTITUT NATIONAL.

PROJET DE DÉCRETS.

Article premier.

Les Académies et Sociétés savantes entretenues aux frais du Trésor public, les Chaires établies à Paris, au Jardin du Roi, au Collège Royal, à celui de Navarre, à l'Hôtel des Monnoies, au Louvre, au Collège des Quatre-Nations pour l'enseignement de la Littérature, des Mathématiques, de la Chimie et de quelques parties de la Physique, de l'Histoire Naturelle, et de la Médecine, seront supprimées, et il y sera suppléé comme il suit:

II.

Il sera établi à Paris, un grand Institut qui sera destiné au perfectionnement des Lettres, des Sciences et des Arts.

III.

Cet Institut sera composé de l'élite des hommes reconnus pour être les plus distingués dans tous les genres de savoir, et dont les uns se réuniront à des jours marqués pour (p.177) conférer ensemble sur la manière de hâter les progrès de leurs travaux, tandis que les autres enseigneront ces divers Arts ou Sciences à ceux qui désireront s'instruire dans ce que ces connoissances offrent de plus difficile et de plus élevé.

IV.

L'Institut national sera divisé en deux grandes sections, dont chacune sera composée de dix classes.

V.

L'une de ces sections, qui sera celle des Sciences philosophiques, des Belles-Lettres et des Beaux-Arts, comprendra 1°. la Morale; 2°. la science des Gouvernemens; 3°. l'Histoire et les Langues anciennes et les antiquités; 4°. l'Histoire et les Langues modernes; 5°. la Grammaire; 6°. l'Éloquence et la Poësie; 7°. la Peinture et la Sculpture; 8°. l'Architecture-décorative; 9°. la Musique; 10°. l'Art de la déclamation.

VI.

L'autre section, qui sera celle des Sciences mathématiques et physiques et des Arts, comprendra; 1°. les Mathématiques et la Mécanique; 2°. la Physique; 3°. l'Astronomie; 4°. la Chimie et la Minéralogie; 5°. la Zoologie et l'Anatomie; 6°. la Botanique; 7°. l'Agriculture; 8°. l'Art de guérir; 9°. l'Architecture sous le rapport de la construction; 10°, les Arts.

VII.

Les personnes attachées aux six premières classes de la (p.178) section des Sciences philosophiques, des Belles-Lettres et des beaux Arts, savoir: de la Morale, de la Science des Gouvernemens, de l'Histoire tant ancienne que moderne, de la Grammaire, de l'Éloquence et de la Poësie, se rassembleront pour s'organiser et tenir des séances en commun.

VIII.

De même les personnes composant les six premières classes de la section des Sciences Mathématiques et Physiques et des Arts, savoir: les classes de Mathématiques et de Mécanique, de Physique, d'Astronomie, de Chimie et de Minéralogie, de Zoologie et d'Anatomie et de Botanique, se réuniront pour s'organiser ensemble et tenir des séances en commun.

IX.

Chacune des quatre dernières classes des deux sections, savoir: dans l'une, la Peinture et la Sculpture, l'Architecture-décorative, la Musique, l'Art de la déclamation; et dans l'autre, l'Agriculture, l'Art de guérir, l'Architecture-construction et les Arts, tiendra des séances particulières.

X.

Néanmoins aux séances particulières de ces huit classes, seront admises, comme membres intimes, les personnes attachées à celles des six premières classes des deux sections qui auront des rapports directs avec leurs travaux; c'est-à-dire, que les membres des classes de Poësie, d'Histoire (p.179) et d'Anatomie seront admis aux séances de la classe de Sculpture et de Peinture; que ceux de la classe d'Architecture décorative le seront aux séances de la classe d'Architecture-construction; que ceux de la classe d'Éloquence et de Poësie, seront reçus dans celles de la classe de Déclamation; que ceux des classes de Botanique et de Chimie le seront dans celles de la classe d'Agriculture; que ceux des classes de Chimie, d'Anatomie et de Botanique le seront dans celles de la classe de l'Art de guérir; que ceux de la classe de Mathématiques et de Mécanique le seront dans celles de la classe d'Architecture considérée sous le rapport de la Construction; et que ceux des classes de Mécanique, de Physique, de Chimie et de Botanique le seront dans celles de la classe des Arts.

XI.

Chacune de ces Divisions ou Classes sera dirigée dans ce qui sera commun à toutes, c'est-à-dire, pour ce qui concernera la tenue des assemblées, les fonctions des Officiers, le choix des membres, les travaux en général et l'Administration des fonds, par un Réglement commun que le comité central, dont il est parlé dans l'article 37, rédigera. De plus chacune aura, pour ce qui sera relatif à ses occupations et fonctions propres, un réglement particulier.

XII.

Il n'y aura dans ces Divisions ou classes des deux Sections de l'Institut National aucun office perpétuel. Le Directeur (p.180) sera élu au Scrutin pour une année. La majorité absolue sera nécessaire dans cette élection. Le Secrétaire sera élu de même, mais pour dix années seulement, après lesquelles il sera procédé à une nouvelle élection. L'ancien Secrétaire pourra être élu de nouveau.

XIII.

Il régnera parmi tous les Membres de l'Institut National une parfaite égalité. Chacun d'eux aura le droit d'assister aux séances ou exercices de toutes les Divisions ou Classes qui le composent. Il y aura même pour eux des places marquées; mais ils n'auront voix délibérative que dans celle des Divisions ou Classes auxquelles ils appartiendront, comme membres intimes.

XIV.

Les élections des membres de l'Institut seront faites au scrutin et à la majorité absolue des suffrages, soit dans chacune des deux Divisions formées des six premières classes de chaque Section, soit dans chacune des huit autres classes qui s'assemblent séparément, sans que ces élections aient besoin, pour être valables, d'être confirmées. Le Roi fera délivrer une patente aux nouveaux reçus pour constater leur nomination.

XV.

Un mois avant de procéder à l'élection, il sera fait par les divisions ou classes, dans la Section de laquelle la place sera vacante, une liste d'éligibles, qui demeurera affichée (p.181) dans les salles d'assemblée jusqu'au jour de l'élection. Dans la Section des sciences Mathématiques et Physiques, la principale division et les quatre autres classes seront autorisées à faire réciproquement des listes d'éligibles lorsqu'il vaquera une place; dans l'une d'elles. Dans la Section des sciences Philosophiques, des Belles-Lettres et des Beaux Arts, les deux dernières classes ne feront point de liste d'éligibles pour la division où les six premières classes seront réunies.

XVI.

Le nombre des membres de chaque division ou classe de l'Institut, sera fixé comme il suit.

La première division formée des six premières classes de la Section des sciences Philosophiques, belles Lettres et Beaux Arts, sera composés de 64 Membres; savoir, de 8, pour la classe de Morale; de 8, pour celle de la science des Gouvernemens; de 12, pour la classe d'Histoire, des Langues anciennes et des antiquités, de 12, pour celle de l'Histoire et des Langues modernes; de 8, pour la classe de la Grammaire; et de 16, pour celle d'Éloquence et de Poësie.

La seconde division formée des six premières classes de la Section des sciences Mathématiques et Physiques et des Arts, sera également composée de 64 Membres; savoir, de 16, pour la classe de Mathématiques et de Mécanique; de 8, pour celle de Physique; de 8, pour celle d'Astronomie; de 12, pour la classe de Chimie et de Minéralogie; de 12, pour la classe de Zoologie et d'Anatomie; et de 8, pour celle de Botanique [7]. (p.182)

La classe d'Agriculture sera composée de 60 membres.

La classe de l'Art de guérir sera composée des personnes les plus habiles dans les différentes parties de cet Art, c'est-à-dire, dans la Médecine, dans la Chirurgie, dans la Pharmacie et dans l'Art Vétérinaire; elle sera formée de 60 membres, dans les proportions suivantes. Il y aura trois cinquièmes de Médecins, un cinquième de Chirurgiens, et un cinquième de Pharmaciens et de Médecins Vétérinaires.

XVII.

Les divisions ou classes qui auront le perfectionnement de l'Histoire Naturelle, de la Physique et de la Médecine pour objet, publieront annuellement les recueils de leurs mémoires, et elles entretiendront avec les Savans, soit Règnicoles dans les 83 Départemens, soit Étrangers, une correspondance exacte et suivie, dans l'intention de recueillir les découvertes utiles à l'humanité. (p.183)

XVIII.

Les classes de Peinture et de Sculpture, celles d'Architecture-décorative et d'Architecture-construction, celle des Arts Physiques et Mécaniques, celle de Musique et de Déclamation, formeront des Écoles élémentaires, dont les Maîtres, en même-temps qu'ils se réuniront, pour traiter de leur Art, seront occupés du soin de former des Élèves. Ces Écoles seront organisées à-peu-près sur le même plan que les Écoles de Peinture et de Sculpture actuelles, avec des changemens et des modifications qui seront proposés par ceux que l'opinion publique a fait connoître comme les plus habiles dans les différens Arts dont il s'agit.

140

XIX.

Les divisions ou classes de l'Institut national rendront compte à chaque législature; 1°. De leurs travaux annuels, des progrès de l'art ou de la science dont elles seront occupées, et de la part, qu'elles y auront eue; 2°. Du choix de leurs membres et des motifs qui les auront déterminées dans leurs choix.

XX.

Les fonds dont chaque division ou classe de l'Institut pourra disposer, seront remis à un Trésorier qui sera choisi parmi les membres de la division ou classe, à laquelle il rendra ses comptes deux fois l'année. L'élection du Trésorier se fera au scrutin et à la majorité absolue. Cette élection aura lieu tous les quatre ans. (p.184)

XXI.

Les fonds attribués aux différentes divisions ou classes, devront servir à payer; 1°. les frais des séances, de la correspondance et du secrétariat; 2°. à payer les frais des expériences, recherches et travaux divers; 3°. à stipendier une partie des membres de chaque division ou classe: le tout conformément au tableau ci-joint.

TABLEAU

De la distribution des fonds.

En rédigeant le tableau des fonds qu'on présente ici, on n'a fait presque aucun changement dans la distribution adoptée par les Académies actuelles. Lorsque les Sections de l'Institut seront formées, leurs besoins seront mieux connus; et le Comité d'Instruction dont il est parlé article LII, en donnera un état plus exact et mieux motivé qu'on ne pourroit faire ici.

1°. Pour les six premières classes de la première Section de l'Institut.

Le revenu actuel de l'Académie Françoise est de	25,217 l.
Celui de l'Académie des Inscriptions et des Belles-Lettres, de	43,908
Total	69,125

(p.185)

141

On propose d'attribuer ce revenu à la division formée des six premières Classes de la Section des Sciences Philosophiques, des Belles-Lettres et des beaux Arts.

Une addition peu considérable pour les classes de Morale et de Politique qui sont nouvelles, suffiroit pour achever le traitement de cette première partie de l'institut. On peut croire que ce seroit assez de 75,000 livres pour les pensions et autres dépenses: il n'y auroit donc qu'une addition de 5,875 liv. à faire pour cet objet.

2°. Pour la septième classe de la première Section.

La classe de la Peinture et de la Sculpture, ne demande pour tous ses travaux et pour tous les frais de l'École, soit à Paris, soit à Rome, que la somme de 110,830 liv.

3°. Pour la huitième classe de la première Section.

La classe d'Architecture décorative demande un revenu annuel de 31,000 liv.

4°. Pour les classes neuvième et dixième de la première Section.

On ne peut savoir d'une manière précise qu'après la formation de ces classes, ce qu'elles pourront demander; mais cette dépense ne peut être considérable.

5° Pour les six premières classes de la première Section de l'Institut,

le revenu actuel de l'Académie des Sciences est de   93,458 l. 10s

Cette somme sera attribuée à la division formée des six premières classes de la Section des Sciences Mathématiques, et Physiques et des Arts, comme il suit: (p.186)

Pour huit pensions de 3,000 liv	24,000	l.
Pour huit pensions de 1,800 liv	14,400	
Pour seize pensions de 1,200 liv.	19,200	
Pour le Secrétaire	3,000	
Pour le Trésorier	3,000	
Écritures	600	
Dépenses courantes	1,600	

Frais d'expériences et prix	27,658
Total	93,458

6°. Pour la septième classe de la Section seconde.

La Société d'Agriculture qui formera la septième classe de la Section seconde, demande un revenu annuel de 25,000 liv.

7°. Pour la huitième classe de la Section seconde.

Le revenu actuel de la Société de Médecine est de 36,200 livres.

En adjoignant à la classe de l'art de guérir, 1°., des Chirurgiens; 2°. des Pharmaciens; 3°. des Vétérinaires; 4°. un Hôpital, dont les Officiers de santé seront choisis parmi les Membres de cette classe, on propose de porter son revenu à 46,000 livres, qui suffiroient pour toutes les dépenses, et qui seroient distribuées comme il suit:

Au Secrétaire	3,000
Au premier commis	1,800
Au second commis	1,000
Frais de Bureaux, de correspondance, de Séances particulières et publiques	3,000 (p.187)
Frais d'expériences et de recherches.	8,000
Prix	3,200
En pensions	26,000
Total	46,000

Nota. Les fonds de l'Académie Royale de Chirurgie, qui doit être réunie à la Société de Médecine pour former la huitième classe de la seconde Section, pourront être employés en déduction de la somme précédente.

8°. Pour les neuvième et dixième classes de la seconde Section.

On ne peut, avant que ces deux classes soient formées, donner un tableau de leurs dépenses.

XXII.

Les chaires annexées à l'Institut national pour l'enseignement de ce qu'il y a de plus transcendant et de plus élevé dans les connoissances humaines, seront les suivantes:

1°. Pour la logique, la morale et la science des Gouvernemens	deux chaires.
2°. Pour l'histoire et les langues anciennes et pour les antiquités	deux chaires.
3°. Pour l'histoire et les langues modernes, pour l'histoire de France, pour l'étude des titres diplômes et médailles	deux chaires.
4°. Pour la Grammaire	une chaire.
5°. Pour l'instruction des sourds et muets	une chaire. (p.188)
6°. Pour celle des aveugles	une chaire.
7°. Pour l'éloquence et la poësie	deux chaires.
8°. Pour les Mathématiques et la Mécanique considérées dans toute leur étendue	trois chaires.
9°. Pour la Physique expérimentale	une chaire.
10°. Pour l'Astronomie	une chaire.
11°. Pour la Chimie, la Minéralogie, la Métallurgie et la Chimie des Arts	deux chaires.
12°. Pour la Géographie souterraine, etc.	une chaire.
13°. Pour la Zoologie, c'est-à-dire, pour la connoissance de toutes les classes d'animaux	trois chaires.
14°. Pour l'Anatomie humaine et comparée, et pour la Physiologie expérimentale	deux chaires.
15°. Pour la Botanique	une chaire.
16°. Pour l'Agriculture, c'est-à-dire, pour l'Économie rurale et domestique et pour la Botanique des Arts	deux chaires.

17°. Pour l'enseignement de ce qui concerne,

1°. la nature et le traitement des épidémies;

144

2°. les épizooties;

3°. les divers objets de salubrité publique   trois
                                                               chaires.

18°. Pour l'enseignement des Beaux-Arts et des Arts
mécaniques, dont les écoles seront annexées à l'Institut   chaires.
[8]

XXIII.

Avant de procéder à l'élection des Professeurs, et en (p.189) se conformant à tout ce qui est prescrit par l'article XV pour l'élection des membres, il sera fait une liste d'éligibles, lesquels seront indiqués, soit parmi les membres eux-mêmes, soit hors de l'Institut; et un mois après il sera procédé au scrutin dans la division ou classe ayant pour objet l'art ou la science qu'il s'agira d'enseigner. La majorité absolue des suffrages sera nécessaire dans cette élection.

Le Roi fera délivrer des patentes aux sujets élus, et les divisions ou classes de l'Institut rendront compte à chaque Législature des motifs qui les auront déterminées dans le choix des Professeurs.

XXIV.

Ces élections des Membres et des Professeurs de l'Institut, ne seront faites par ces divisions ou classes que pendant la session de la Législature, dont la surveillance rendra les divisions ou classes de l'Institut plus attentives à n'avoir égard qu'au seul mérite dans leur choix; en conséquence, s'il vaque une place de Professeur dans un autre temps que dans celui de la session de la Législature, afin que le service public n'en souffre point, la division ou classe à laquelle la chaire vacante sera annexée, chargera provisoirement l'un de ses Membres de remplir les fonctions de cet enseignement.

XXV.

La durée du Professorat sera de dix années, après lesquelles il sera procédé à une nouvelle élection, dans laquelle l'ex-Professeur sera éligible. (p.190)

XXVI.

Chacun des Professeurs enseignera pendant neuf mois de l'année, en faisant trois leçons dans chaque semaine; il se prêtera à toutes les explications qui lui seront demandées par les Élèves qu'il formera plus sûrement encore dans des entretiens familiers que dans des Écoles: l'intention de l'Assemblée Nationale étant d'applanir, le plus qu'il lui sera possible, les difficultés sans nombre qui se présentent dans cette partie de l'instruction publique.

XXVII.

Les Professeurs élus se soumettront à ne faire chez eux aucun enseignement particulier sur le sujet qui doit être celui de leur cours public, dans lequel ils ne pourront jamais se faire remplacer que pour un temps très-court, et pour les motifs les plus pressans; il ne leur sera en conséquence jamais nommé de survivancier, ni d'adjoint.

XXVIII.

L'un des Hôpitaux de la Capitale sera annexé à la classe de l'art de guérir, qui nommera, suivant la forme d'élection déjà prescrite, article XV, un Médecin, un Chirurgien et un Pharmacien pour le desservir. Dans cet Hôpital seront faits, avec tout le soin et la prudence possibles, et toujours d'après l'avis de la majorité absolue de la classe, les recherches et observations propres à hâter les progrès de cet art.

La classe d'Agriculture sera également mise en jouissance (p.191) d'un terrain situé près de Paris, lequel dépendra du Jardin des Plantes, et où elle pourra faire ses essais et ses travaux [9].

XXIX.

Les honoraires attachés à chaque Chaire seront de 4,000 l., indépendamment de frais d'expérience et de travaux, auxquels il sera pourvu séparément par le Trésor public.

XXX.

A l'Institut national seront annexés tous les établissemens publics relatifs aux Lettres, aux Sciences et aux Arts, ainsi toutes les Bibliothèques publiques, le Musæum, les diverses collections de machines, d'instrumens de physique et d'astronomie, de chirurgie, de matière médicale, de médailles, de statues, de tableaux, les jardins de botanique, etc. lesquels sont dans le domaine de la Nation, seront attachés à cet Institut, qui n'appartenant lui-même à aucun Département, mais étant un centre unique d'émulation et de travail, ne sera occupé que du soin de recueillir et de répandre sur toutes les parties de l'Empire les connoissances utiles à la culture des Arts et au perfectionnement de l'esprit.

XXXI.

Parmi les divers établissemens qui doivent être en rapport (p.192) avec les classes de l'Institut, il en est qui conviennent à toutes, tels que les Bibliothèques publiques; il en est qui ne conviennent qu'à certaines classes en particulier: tels sont le Jardin des Plantes, qui doit être en relation avec les classes de botanique, d'agriculture et de l'art de guérir; les divers Musæum d'Histoire naturelle, qui doivent principalement servir aux travaux des classes de Minéralogie, de Botanique, de Zoologie, d'Anatomie et de l'Art de guérir; les collections des Machines, qui doivent servir à ceux des classes et des écoles de Mécanique et des Arts; le Cabinet de Physique, qui concerne l'école et la classe de Physique expérimentale; celui d'Anatomie, l'arsenal de Chirurgie, et une collection d'Animaux vivans, qui concernent les classes de Zoologie, d'Anatomie et de l'Art de guérir; les différens Observatoires, qui doivent servir à la classe et à l'école d'Astronomie; les collections de Modèles, de Médailles, de Bustes, de Statues, les galeries de Tableaux, qui serviront aux travaux, des classes et des écoles d'Histoire, de Peinture, de Sculpture et d'Architecture.

XXXII.

La disposition de ces diverses collections sera faite d'après les plans fournis par les classes respectives de l'Institut. Des Directeurs responsables [10], choisis parmi les gens de l'Art, (p.193) membres, ou non, de l'Institut, seront nommés par le Roi, dont les Commissaires prendront toutes les mesures possibles, pour que les membres de l'Institut y soient, ainsi que le public, reçus de manière à y suivre facilement leurs travaux.

XXXIII.

Tous les établissemens publics, relatifs à ceux-ci, appartenans également à la Nation, et placés dans les quatre-vingt-deux autres Départemens, auront aussi des rapports, et seront, en correspondance avec l'Institut, auquel il sera envoyé des catalogues exacts de toutes les collections, afin qu'il existe un répertoire général de toutes les richesses physiques et littéraires de l'Empire.

XXXIV.

Il sera établi dans le Louvre, de concert avec le Roi, et dans le Collège des Quatre-Nations, des logemens convenables, soit pour les divisions ou classes de l'Institut national, soit pour les Chaires qui y seront annexées, de sorte que chacune ait à sa portée des laboratoires pourvus de tous les instrumens et machines nécessaires à ses travaux [11]. (p.194)

§. I.

L'Institut est composé de deux grandes sections, qui comprennent vingt classes, dont les unes s'assemblent en commun et les autres séparément.

Chaque réunion de classes a besoin d'une grande salle pour ses séances communes; mais chaque classe pouvant avoir à se rassembler d'une manière isolée, il faut que des salles moins étendues soient réservées pour cet usage.

Les classes qui se réunissent séparément, telles que celles de l'art de guérir, de Peinture, etc. se divisent souvent en Comités pour des travaux particuliers; il faut encore que ces Comités soient logés convenablement.

Conformément à ces données, nous proposons la distribution suivante:

1°. Pour les séances des six premières classes de la première Section de l'Institut, comprenant la Morale, la Science du Gouvernement, l'Histoire et les Belles-Lettres — une grande salle avec deux ou trois pièces pour les Comités.

2°. Pour la classe de Peinture, Sculpture et Gravure — une grande salle avec deux pièces pour les Comités.

3°. Pour la classe d'Architecture-décorative — une grande salle avec une ou deux pièces pour les comités. (p.195)

4°. Pour la classe de Musique — une grande salle

5°. Pour la classe de Déclamation — une grande salle

6°. Pour les séances des six premières classes de la seconde Section de l'Institut, comprenant les sciences mathématiques et physiques — une grande salle avec trois salles d'une moindre étendue pour les Comités.

7°. Pour la classe d'Agriculture — une grande salle avec

	deux pièces pour les Comités.
8°. Pour la classe de l'art de guérir	une grande salle avec deux salles d'une moindre étendue pour les Comités.
9°. Pour la classe d'Architecture-construction	une grande salle avec plusieurs autres salles pour l'établissement de cette école.

Nota. Les salles destinées aux séances de cette classe et de ses comités, seront placées près des salles destinées aux assemblées de la classe d'Architecture-décorative, qui fait partie des beaux Arts.

10°. Pour la classe des Arts	une grande salle avec quelques autres pièces collatérales pour les comités.
Total	dix grandes salles (p.196)

Pour les assemblées des divisions ou des classes de l'Institut.

Ces dix salles seroient placées au Louvre.

Nota. Les petites salles destinées à des réunions particulières ou à des comités, n'ont pas besoin d'avoir une grande étendue; il suffit que huit ou dix personnes puissent y être placées commodément.

§. II .

Emplacemens pour les collections destinées à l'usage des diverses Classes de l'Institut National.

I. Collections ou établissemens utiles à toutes les classes.

1º. Bibliothèque commune.

{ La Bibliothèque du Roi,
celle des Quatre-Nations. }

2º. Une Imprimerie, pourvue de caractères de tous les genres.

(Elle seroit établie au Louvre.)

3º. Un Bureau de traduction, destiné à faire connoître les lettres écrites et les ouvrages utiles publiés dans des langues étrangères par les Correspondans de l'Institut.

(Au Louvre.)

II. Collections destinées aux différentes Classes de l'Institut.

1º. Collection de médailles et de pierres gravées.

(A la Bibliothèque du Roi.)

Pour la Classe d'Histoire. (p.197)

2º. Collection de tableaux, de statues antiques et modernes, de bustes, reliefs et gravures.

(Au Louvre.)

Pour la Classe de Peinture et Sculpture.

3º. Collection de dessins et modèles.

(Au Louvre.)

Pour la Classe et pour l'école d'Architecture.

4º. Collection de modèles relatifs à l'Architecture navale.

(Au Louvre.)

Pour la Classe d'Architecture et pour l'école de Navigation.

5°. Collection d'instrumens de musique et des œuvres des grande Artistes dans ce genre.

(Au Louvre.)

Pour la Classe de Musique.

6°. Collection de costumes, etc.

(Au Louvre.)

Pour la classe de Déclamation

7°. Collection d'instrumens de Mathématiques, de Physique et d'Astronomie.

(A l'Observatoire et au Collège des Quatre-Nations.)

Pour les Classes de Mathématiques, de Physique et d'Astronomie.

8°. Collection de cartes de Géographie physique et souterraine.

(Au Collège des Quatre-Nations.)

Pour les Classes de Physique et de Chimie, de Zoologie et de Botanique. (p.198)

9°. Collection de Minéralogie.

{ Cabinet du Roi,
Cabinet des Mines de l'Hôtel des Monnoies. }

Pour la Classe de Chimie et de Minéralogie.

10°. Collection des produits du Cours de Chimie et d'essais des Mines.

(Au Collège des Quatre-Nations.)

Pour la Classe de Chimie, de Minéralogie et de Métallurgie.

11°. Collection d'animaux morts et conservés.

(Cabinet du Roi.)

Pour la Classe de Zoologie et d'Anatomie.

12°. Collection de portions d'animaux disséqués, préparés et conservés,

d'Anatomie { naturelle.
artificielle.

(Cabinet de l'École Vétérinaire.)

Auxquelles collections seront faites les additions nécessaires.

(Au Collège des Quatre-Nations.)

Pour la Classe d'Anatomie, de Zoologie et l'art de guérir.

13°. Collection d'animaux vivans ou Ménagerie.

(Au Jardin du Roi.)

Pour la Classe de Zoologie et d'Anatomie.

14°. Collection de végétaux et de parties de végétaux, Herbiers, Serres, Jardins.

(Jardin et Cabinet du Roi.)

Pour la Classe de Botanique et l'art de guérir. (p.199)

15°. Collection d'instrumens aratoires.

(Elle sera placée au Jardin du Roi.)

Pour la Classe d'Agriculture.

16°. Collection d'ossemens et d'organes malades, préparés et conservés en nature, ou représentés en cire, en peinture ou en dessin.

(Au Collège des Quatre-Nations.)

Pour la Classe de Médecine.

17°. Collection d'instrumens et d'appareils de Chirurgie de tous les genres. Armamentarium.

(Au Collège des Quatre-Nations.)

Pour la Classe de Médecine et Chirurgie.

18°. Collection de Matière médicale et de Pharmacie.

(Au Collège des Quatre-Nations.)

Pour la Classe de Médecine, Chirurgie et Pharmacie.

19°. Collection d'instrumens propres à l'art vétérinaire, à la forge et la fabrication des fers, etc.

(Au Collège des Quatre-Nations.)

Pour la Classe de Médecine, Chirurgie, Pharmacie et de l'art vétéri-naire.

20°. Collection d'instrumens et de modèles pour les divers attel-iers des Arts.

(Au Collège des Quatre-Nations).

Pour la Classe des Arts. (p.200)

§. III .

Emplacement propres aux Laboratoires et aux divers enseignemens dont se charge l'Institut.

Écoles de l'Institut.

1°. Pour les six premières Classes de la première Section. Deux grandes salles suffiront pour leur enseignement.

(Au Collège des Quatre-Nations.)

2°. Pour l'École de Peinture, Sculpture et Gravure.

Cette école réunissant l'enseignement tout entier, le nombre des salles sera déterminé par la demande des Professeurs.

(Au Louvre.)

3°. Pour l'Architecture.

L'Architecture étant dans le même cas que la Peinture et la Sculpture, le nombre des salles nécessaires sera déterminé conjointement avec les Professeurs.

(Au Louvre.)

4°. Pour la Musique.

De même.

(Au Louvre.)

5°. Pour les Mathématiques, la Mécanique, la Physique et l'Astronomie.

Une salle ou un amphithéâtre.

(Au Collège des Quatre-Nations.)

6°. Pour l'Astronomie.

Un Observatoire garni de tous ses instrumens.

(Au Collège des Quatre-Nations.)

7°. Pour la Chimie, la Minéralogie, la Métallurgie et la Géographie souterraine. (p.201)

Un amphithéâtre ou salle d'enseignement, et un grand laboratoire qui y soit annexé.

(Au Collège des Quatre-Nations.)

8°. Pour la Zoologie et l'Anatomie.

Un amphithéâtre et plusieurs salles ou galeries de dissections et de préparations qui y soient annexées.

De plus, une salle de dissection établie dans un des Hôpitaux de la capitale.

9°. Pour la Botanique.

Un amphithéâtre.

(L'Amphithéâtre du Jardin du Roi.)

10°. Pour l'Agriculture.

Une salle.

Cette école sera établie près de la collection des instrumens aratoires.

(L'amphithéâtre du Jardin du Roi.)

11°. Pour la Médecine humaine et vétérinaire.

Une salle.

(Au Collège des Quatre-Nations.)

12°. Pour les arts relatifs { au Dessin, à la Physique, à la Mécanique, à la Chimie, à la Botanique, } un amphithéâtre.

Dans la salle ou amphithéâtre de Physique.

(Au Collège des Quatre-Nations.)

Nota. 1°. Les collections et les laboratoires doivent être placés près des salles ou amphithéâtres destinés à l'enseignement, afin que les Professeurs y trouvent, sans peine, les divers objets dont ils pourront avoir besoin. Ces collections et ces laboratoires serviront aussi aux travaux et recherches des divisions des classes de l'Institut.

Nota. 2°. La Physique, la Chimie et l'Anatomie auront besoin d'emplacemens très-étendus et très-aérés. Peut-être que l'emplacement destiné à l'Anatomie devroit être annexé à l'un des plus grands Hôpitaux de la Capitale. (p.202)

XXXV.

Les Directeurs des Bibliothèques publiques prendront des mesures pour que tous les ouvrages qui sont publiés dans tous les genres et dans toutes les langues quelconques, soient achetés. Il sera fait des fonds à cet effet. Ces livres, après avoir été inscrits sur les registres de la Bibliothèque, seront examinés par les classes respectives de l'Institut, et ceux qui seront distingués par elles, seront traduits en tout ou en partie par des interprètes qui seront attachés à cet effet, en nombre suffisant, à la Bibliothèque publique.

XXXVI.

Il sera établi, soit au Louvre, soit au Collège des Quatre Nations, une Imprimerie pourvue de tous les caractères à l'usage des Sciences, de ceux des Langues anciennes et modernes, laquelle sera destinée au service des classes de l'Institut.

XXXVII.

Pour mettre de l'ordre et de l'unité dans ce grand établissement, il sera formé un comité central qui sera composé de vingt membres; chacune des vingt classes de l'Institut ayant le droit d'en nommer un.

XXXVIII.

Ces élections seront renouvellées tous les ans par les classes respectives de l'Institut, au scrutin et à la majorité des suffrages. (p.203)

XXXIX.

Le comité central de l'Institut nommera au scrutin et à la majorité absolue, un Directeur et un Secrétaire.

XL.

Le comité central de l'Institut s'assemblera deux fois chaque mois, et plus souvent s'il y a lieu.

XLI.

Ses fonctions seront de surveiller les travaux de l'Institut, de stipuler en général pour ses intérêts, c'est-à-dire, pour ceux des Lettres, des Sciences et des Arts; de s'assurer de l'exactitude des Professeurs à remplir leurs devoirs; de répondre aux demandes qui pourront lui être faites concernant l'Instruction publique, de la part des Départemens, Districts ou Municipalités; de régler les différens qui pourront s'élever entre les classes, et de proposer les améliorations à faire, soit dans l'Institut, soit dans les établissemens qui lui seront annexés.

XLII.

Lorsque les divisions ou classes de l'Institut, voulant fixer l'attention publique sur un sujet de méditation ou d'étude, auront besoin de fonds extraordinaires, soit pour proposer des prix, soit pour faire une suite d'expériences et de recherches, elles s'adresseront au comité central, lequel fera parvenir son vœu à l'Assemblée Nationale, après avoir jugé (p.204) s'il n'y a pas pour cette fois un trop grand nombre de demandes de ce genre faites par les classes de l'Institut, qui devront se concerter entre elles pour l'ordre et le succès de leurs travaux.

XLIII.

Les Commissaires pour l'Instruction publique seront chargés de surveiller la partie administrative de l'Institut national et des établissemens qui lui seront annexés, et d'y maintenir l'exécution de la loi. Les patentes des membres de l'Institut et des Professeurs seront remises par eux; ils assisteront aux séances du comité central avec lequel ils concourront, de tous leur moyens, aux progrès des Sciences et des Arts.

XLIV.

Les membres intimes des Académies et sociétés savantes [12], telles qu'elles existent dans l'ordre actuel, seront remplacés (p.205) dans les classes respectives de l'Institut projetté. On suivra dans ce remplacement l'ordre de l'ancienneté de réception, dans les Académies ou Sociétés. Lorsque le nombre des places arrêtées pour les divisions ou classes de l'Institut sera rempli, ceux qui, conformément à ce Décret, y auront des droits, seront rangés, toujours suivant l'ordre de leur réception, dans une classe de surnuméraires qui jouiront des mêmes droits que les autres auxquels ils succéderont, comme il est réglé ci-après.

XLV.

Lorsqu'il vaquera une place parmi les membres de divisions ou classes de l'Institut, elle sera remplie par le plus ancien des surnuméraires, tant qu'il y en aura. Lorsqu'il en aura vaqué deux, il sera en outre nommé un nouveau membre qui prendra place à la suite de tous les surnuméraires. A l'avenir ce titre sera pour toujours supprimé dans l'Institut.

XLVI.

A l'avenir, les pensions attribuées à l'Institut, seront réparties à raison de l'ancienneté de réception dans les divisions et dans les classes dont cet établissement est formé. Il ne sera rien innové à l'égard des pensions accordées jusqu'à ce jour par les Académies ou Sociétés savantes, à ceux de leurs membres qui seront remplacés dans l'Institut.

XLVII.

Les classes d'associés honoraires, établies dans les Académies, sont abolies. (p.206)

XLVIII.

Ceux qui, dans les Académies ou Sociétés savantes actuelles, occupent des places d'associés libres, seront conservés avec le même titre près des divisions ou classes respectives de l'Institut, dans lequel il n'y aura plus d'associés libres à l'avenir.

XLIX.

Il sera libre aux divisions ou classes de l'Institut, de s'attacher, sous les noms d'associés et de correspondans règnicoles ou étrangers, les personnes qui pourront les aider dans leurs travaux.

L.

Les titulaires des chaires conservées continueront, en se conformant aux nouvelles lois, les fonctions de leur enseignement; et jusqu'à ce que l'Institut soit formé, ils feront, comme ci-devant, avec les mêmes honoraires qu'ils ont reçus jusqu'ici, les leçons dont ils ont été chargés.

LI.

Les titulaires des chaires supprimées par l'article premier, seront nommés de préférence à celles dont l'enseignement est le même dans le nouvel Institut.

LII.

Les commissaires de l'instruction, nommeront, pour la première fois seulement, sur la présentation du comité central, (p.207) les membres qui devront composer les classes de nouvelles création; savoir: les classes premières, deuxième et dixième de la première section, et les classes neuvième et dixième de la seconde section de l'Institut, ainsi que les Professeurs des chaires nouvellement établies. Toutes les classes de l'Institut étant ainsi complettes, éliront elles-mêmes les associés et les Professeurs, conformément aux règles prescrites par les présens Décrets.

DES BIBLIOTHÈQUES.

Article premier.

Il y aura dans chaque Département une Bibliothèque, sous l'inspection particulière du Directoire du Département; et dans les villes où il se trouvera une Bibliothèque de Municipalité déjà établie, elle pourra servir de Bibliothèque de Département, et sera sous la surveillance du Directoire du Département.

Les quatre premiers articles du présent Décret seulement, ne sont point relatifs aux établissemens littéraires de Paris.

II.

Chaque Bibliothèque sera plus ou moins considérable, selon la proportion de l'étendue et de la population, des richesses littéraires ou même des Contributions du Département.

Les volumes dont elles seront composées, seront prélevés dans les Bibliothèques ecclésiastiques et des communautés (p.208) Religieuses, et dans celles des autres établissemens supprimés, après toutefois que l'état desdits livres aura été préalablement dressé et envoyé aux Commissaires de l'Instruction publique, qui donneront autorisation et détermineront l'emploi, ou le mode de la vente du surplus.

III.

Il ne pourra y avoir pour chaque Bibliothèque moins de deux ni plus de quatre Bibliothécaires.

Le premier ne pourra avoir moins de 1,500 livres, ni plus de 3,000 livres.

Chacun des autres 2,000 livres au plus, et au moins 1,000 livres.

Il sera pourvu par un réglement aux sommes nécessaires pour les achats des livres, les frais de Bureau, entretien des bâtimens et autres dépenses.

Le Bibliothécaire principal sera nommé par le Département: les Bibliothécaires seront choisis, autant qu'il sera possible, parmi les Sujets des Congrégations Ecclésiastiques supprimées.

Le Bibliothécaire de chaque Département sera tenu de correspondre exactement et dans les formes qui seront prescrites par un réglement particulier, avec le Commissaire de l'Instruction publique, chargé spécialement de l'administration des Bibliothèques. (p.209)

IV.

Le directoire de chaque Département veillera avec soin, à ce que le Bibliothécaire du Département se procure promptement deux exemplaires bien conditionnés de chaque livre nouveau imprimé dans son ressort.

L'un des deux restera dans la Bibliothèque du Département, l'autre sera adressé aussitôt à la Bibliothèque générale établie à Paris, dont il sera fait mention article V. Ce dernier établissement remboursera le montant de cette dépense au Département, si le livre ne vient pas de la libéralité de l'Auteur, Éditeur, ou Libraire.

V.

Il sera formé à Paris un établissement, sous le titre de Bibliothèque nationale, faisant, partie de l'Institut, entretenu aux frais du

Trésor public, et divisé en six établissemens, pour le plus grand avantage de ceux qui cultivent les Sciences.

Chacun d'eux prendra le nom de la science à laquelle il sera particulièrement affecté.

Le principal établissement restera quant à présent, rue de Richelieu, et contiendra la réunion de tous les livres, dans toutes les matières, ainsi que les collections de divers genres qu'il renferme déjà, ou qui pourroient y être jointes; les cinq autres seront distribués dans les quartiers de la Capitale où ils pourront être le plus utiles, et contiendront chacun de 40,000 à 80,000 volumes: chacun de ces cinq établissement sera affecté particulièrement à chacune des cinq divisions (p.210) des matières de Bibliographie, et en contiendra les ouvrages, indépendamment des livres élémentaires des quatre autres divisions.

Les Bibliothèques des maisons ecclésiastiques et religieuses et établissemens supprimés serviront à enrichir et former ces cinq dépôts; les achats ou présens des livres nouveaux les completteront par la suite.

La Bibliothèque de la Municipalité sera en même temps la Bibliothèque du Département, conformément à l'article du présent décret; elle embrassera toutes les matières bibliographiques, et sera augmentée et complettée pareillement avec les livres des maisons ecclésiastiques et religieuses, et autres établissemens supprimés, indépendamment des acquisitions qu'elle pourra faire sur les fonds qui lui seront affectés.

VI.

Toute personne qui désirera travailler dans une Bibliothèque publique, y sera admise tous les jours hors les Dimanches et fêtes, soit dans la Bibliothèque, soit en présence du Bibliothécaire, dans une salle particulière de travail, si le local permet d'en avoir une attenante au dépôt général des livres.

On n'y travaillera que pendant le jour; les Réglemens pourvoiront à la commodité des citoyens studieux, comme à la conservation des livres.

VII.

Il n'y aura plus d'obligation aux Libraires, Éditeurs et (p.211) Auteurs, de fournir des exemplaires de leurs ouvrages aux Bibliothèques publiques.

PRIX

et Encouragemens.

Les prix et récompenses mérités par le talent, devant être diversement honorifiques et quelquefois pécuniaires; tantôt offerts par la reconnoissance de la Nation, tantôt décernés par celle d'un lieu particulier, devant se placer à côté des plus petits efforts de l'enfance et atteindre les plus hautes conceptions du génie, sont promis, sont assurés par l'Assemblée Nationale.

Mais, à raison du grand nombre de détails nécessaires pour que toutes les proportions soient bien observées, et qu'aucun genre de mérite ne soit privé de son encouragement et de sa récompense, ils ne seront déterminés et classés que d'après un réglement qui sera présenté sur cet objet à la législature par les Commissaires de l'Instruction publique.

MÉTHODES

ET LIVRES ÉLÉMENTAIRES.

L'Assemblée Nationale met au rang des bienfaits publics les bons livres élémentaires sur toutes les connoissances humaines, (p.212) les méthodes propres à agrandir et à perfectionner les facultés principales de l'homme, les procédés bien éprouvés, destinés à faciliter l'application des principes dans la pratique des arts; toutes les découvertes, soit dans les arts, soit dans les sciences, et particulièrement les ouvrages de tout genre qui serviront le mieux la morale. Elle veut que l'Institut national mette en usage tous ses moyens pour arriver à ces grands résultats, qu'il attache à leur recherche tous les talens, tous les efforts de l'émulation publique, et elle ordonne aux Commissaires de l'instruction de faire parvenir, sans délai, aux Départemens tout ce que, sur ces divers objets, l'institut aura, par un suffrage solemnel, recommandé à la confiance publique.

SPECTACLES.

Article premier.

Les Commissaires de l'instruction, dont la surveillance devra s'étendre sur les spectacles, respecteront la liberté du talent dans le choix des sujets des différentes pièces; mais ils décideront quelles sont les pièces qui, aux jours des fêtes nationales et à l'occasion des grands événemens, mériteront d'être, aux frais de la Nation, représentées gratuitement.

II.

Les pièces de théâtre feront un des objets particuliers pour lesquels, d'après le vœu prononcé et soutenu de l'opinion publique, et sur le jugement motivé de l'Institut, il sera accordé des prix et des récompenses nationales. (p.213)

FÊTES.

L'Assemblée Nationale ayant décrété constitutionnellement qu'il seroit établi des fêtes nationales, mais jugeant que la périodicité pourroit en affoiblir l'intérêt, si elle s'étendoit sur un grand nombre, ordonne que deux fêtes seulement seront établies pour tout le Royaume; l'une, sous le nom de la liberté, qui sera célébrée tous les ans le 14 Juillet; l'autre, en faveur de l'égalité, qui sera fixée au 4 Août. Elle laisse aux Directoires des Départemens le soin de donner à ces fêtes toute la solemnité qu'elles requièrent, comme aussi la faculté d'en établir de particulières, lorsque des circonstances locales ou même des événemens généraux leur paroîtront le demander: elle charge les Commissaires de l'instruction publique de présenter, le plutôt possible, au Corps législatif un mode général d'organisation pour ces fêtes.

ÉDUCATION DES FEMMES.

Article premier.

Les filles ne pourront être admises aux Écoles primaires que jusqu'à l'âge de huit ans.

II.

Après cet âge, l'Assemblée Nationale invite les pères (p.214) et mères à ne confier qu'à eux-mêmes l'éducation de leurs filles, et leur rappelle que c'est leur premier devoir.

III.

Il sera pourvu, dans chaque Département, aux moyens de former des établissemens destinés à procurer aux filles qui sortiront des Écoles primaires ou de la première éducation paternelle, la facilité d'apprendre des métiers convenables à leur sexe.

IV.

Il sera pourvu aussi, par les Départemens, à l'établissement d'un nombre suffisant de maisons d'éducation pour les filles qui ne pourront être élevées dans la maison paternelle.

V.

Ces maisons seront dirigées par des Institutrices nommées par les Directoires des Départemens.

VI.

Les Départemens prescriront des règles à ces établissemens, veilleront à leur exécution, pourront destituer les Institutrices dont la conduite ne répondroit pas à la confiance publique.

VII.

Ils fixeront le prix des pensionnats et les traitemens (p.215) des Institutrices, et les proportionneront aux objets d'enseignement qu'elles seront capables de professer pour leurs Élèves.

VIII.

Toutes les instructions données aux Élèves dans les maisons d'éducation publique, tendront particulièrement à préparer les filles aux vertus de la vie domestique, et aux talens utiles dans le gouvernement d'une famille.

DES COMMISSAIRES

DE

L'INSTRUCTION PUBLIQUE.

Les Commissaires de l'instruction publique, sont établis pour réunir en un centre commun, et répandre dans tout l'Empire tous les moyens d'instruction propres à maintenir l'unité des principes et à perfectionner cette partie essentielle de l'organisation sociale.

Article premier.

Il sera établi à Paris une Administration centrale sous le nom de Commission générale de l'Instruction publique. Ses Membres seront au nombre de six, et auront le titre de Commissaires de l'instruction publique. (p.216)

II.

Il sera établi, sous chaque Commissaire, un Inspecteur. Les Inspecteurs pourront, être momentanément envoyés dans les divers Établissemens d'instruction du Royaume, lorsque la Commission le jugera nécessaire.

III.

Les Commissaires et Inspecteurs seront nommés par le Roi, qui pourra ensuite les suspendre de leurs fonctions; mais l'instruction étant la première défense contre les abus de l'autorité, leur destitution ne pourra être prononcée que sur un jugement du Corps législatif.

IV.

Les Commissaires se partageront entr'eux les divers objets de l'instruction, et chacun fera exécuter, sous sa responsabilité, les Lois relatives à la partie dont il aura été chargé.

V.

Ils auront sous leur surveillance tout ce qui tient à l'instruction, tout ce qui concerne les prix et concours qui seront ouverts pour tous les objets d'utilité publique, les Spectacles, les Fêtes Nationales, les Arts, les Bibliothèques publiques formée de celles des Maisons religieuses, la Bibliothèque Nationale, la Correspondance de toutes les Bibliothèques.

VI.

Il sera nommé dans chaque Directoire de Département, (p.217) un membre chargé de la surveillance de ce qui concerne l'instruction; il sera tenu de donner connoissance tant de l'état que des besoins de l'instruction publique dans le Département.

VII.

Tous les biens et revenus destinés à l'Éducation publique seront sous la surveillance des Commissaires: ils rendront compte, tous les ans, à l'Assemblée législative de la situation de ces biens.

VIII.

Ils présenteront, chaque année, à l'Assemblée législative un état des progrès de l'instruction dans toutes les parties du Royaume.

IX.

Ils nommeront, pour la première fois, aux places de nouvelle création dont la nomination n'aura pas été attribuée aux Corps administratifs, et rendront un compte public des motifs de leurs choix.

X.

Ils seront tenus de présenter au Corps législatif, dans le plus court délai possible, et dans l'ordre des besoins pressans, des projets de réglement sur tous les objets de détail qui ne se trouveront points compris dans les articles précédens. (p.218)

XI.

La Commission générale nommera son Secrétaire et les Employés des Bureaux: elle présentera à l'Assemblée législative l'état des Employés nécessaires, pour, ledit état, être décrété ainsi qu'il conviendra.

XII.

Le traitement des Commissaires sera de 15,000 livres, celui des Inspecteurs de 8,000 livres.

Nota. Il nous eut semblé possible et conforme aux principes d'attacher davantage l'instruction publique au Corps législatif; mais un Décret ayant déjà placé cet objet sous la surveillance active d'un des Départemens du Pouvoir exécutif, nous avons dû nous conformer à cette disposition; nous avons seulement recherché des moyens pour que l'Administration nouvelle, à qui l'Instruction sera spécialement confiée, contenue par l'opinion autant que par sa responsabilité, ne s'écartât point de son but, et favorisât la plus entière et la plus libre propagation des lumières.

Liberté de L'enseignement.

Il sera libre à tous particuliers en se soumettant aux Lois générales sur l'enseignement public, de former des établissemens d'instruction; ils seront tenus seulement d'en instruire la Municipalité, et de publier leurs réglemens. (p.219)

Prolongation provisoire de l'enseignement actuel.

Les Universités et corporations chargées maintenant de l'Instruction publique continueront leurs fonctions jusqu'au parfait établissement des nouveaux moyens d'Instruction qui devront leur succéder; après quoi elles seront supprimées. [13].

NOTES:

[1] La longueur ainsi que la sévérité de notre travail nous interdisent sur ce sujet des détails auxquels il eût été agréable de se livrer. Ceux qui désireront des développemens pleins d'intérêt, pourront lire MM. Barthelemi, Paw et Cabanis.

[2] On peut offrir aux Départemens comme un modèle de ce genre d'établissement un Mémoire adressé à l'Assemblée Nationale par une Artiste ingénieuse (Mme Guyard) qui, dans cet ouvrage, a su annoblir les arts en les associant au commerce, et les appliquant aux progrès de l'industrie.

[3] Ces cinq articles ne doivent être en effet regardés que comme un simple apperçu, comme une esquisse de ce que peut être la division par cours. On conçoit un grand nombre de combinaisons différentes, et peut-être une division plus prononcée et autrement graduée: celle-là pourtant nous a paru suffire et se rapprocher, plus que toute autre, de l'ancien enseignement qu'il seroit difficile de renverser tout-à-coup; cependant il sera utile que les Commissaires de l'instruction publique se concertent, avant le Décret définitif,

avec les personnes à-la-fois les plus éclairées et les plus intéressées à la chose. Nous pensons aussi que le Décret, quel qu'il soit, doit laisser, quant à l'exécution, une grande latitude aux Professeurs: car on enseigne mal ce qu'on n'enseigne pas librement.

[4] Ces écoles pourroient être placées à Paris, Rennes, Strasbourg, Bourges, Dijon, Besançon, Bordeaux, Toulouse, Lyon, Aix.

[5] Ces retraites ne paroîtront pas trop fortes, lorsqu'on pensera qu'elles ne sont calculées que sur un traitement fixe qui est fort inférieur à l'ensemble des émolumens dont jouissent les membres des Facultés de Droit. Les chaires de Paris rapportoient 8 à 9,000 livres; l'éméritat n'est calculé que sur 3,000 liv.

[6] Il y a, dans le Royaume, vingt Facultés de Droit. Celle de Paris, à raison du nombre des individus qui la composent, équivaut à trois. Sous ce rapport, on peut supposer vingt-deux facultés. Chacune, l'une dans l'autre, peut être évaluée à six personnes, en tout, cent trente-deux. Le vingtième à-peu-près de ces personnes n'a pas prêté le serment. En outre, le vingtième des places sont vacantes. Ainsi restent environ cent vingt personnes en activité.

[7] L'inégalité du nombre des membres de chacune des classes dans ces deux grandes sections de l'Institut, a paru nécessaire: 1°. parce que tous les genres d'étude et de savoir ne sont pas également utiles et ne doivent pas être également cultivés; 2°. parce que certains ordres de connoissances n'existant que dans l'Institut, il a paru convenable de chercher à les y multiplier. L'Algèbre et la Géométrie transcendante sont dans ce cas. D'autres parties, telles que la Chimie, l'Anatomie, etc. trouveront ailleurs des encouragemens.

Cette inégalité des membres de chacune des classes est d'ailleurs sans inconvénient: 1°. parce que les pensions seront dorénavant distribuées à raison de l'ancienneté, considérée dans toute l'étendue de la division ou classe; 2°. parce que, dans aucun cas, les classes de la Section n'auront à se contrebalancer entre elles.

[8] On laisse ce nombre indéterminé, parce que plusieurs de ces écoles ne sont pas encore établies, et que toutes celles qui existent, doivent subir une réforme; mais ces chaires, destinées à un enseignement élémentaire, sont d'une nature tout-à-fait différente de celles dont il est parlé plus haut.

[9] C'est principalement pour cultiver les plantes dont elle envoie les graines comme essais aux Départemens, que la classe d'Agriculture a besoin de cet emplacement, qui ne devra pas être bien considérable.

[10] Ainsi, chaque établissement relatif aux Sciences et aux Lettres, et destiné à la conservation, soit des livres et manuscrits, soit des médailles, soit des tableaux et statues, soit des divers morceaux d'Histoire naturelle, d'Anatomie, etc., etc., sera confié à des Directeurs responsables, qui administreront sous la surveillance d'un des Commissaires du Roi, dont il est parlé article XLIII et XLIV.

[11] L'Institut National a besoin de trois sortes d'emplacemens: le premier, pour ses séances; le second, pour les collections qui lui sont nécessaires; le troisième, pour les laboratoires et les leçons que doivent donner les Professeurs.

[12] Nota. Les Académies et Sociétés savantes sont:

1°. L'Académie Françoise;
2°. L'Académie des Inscriptions et Belles-Lettres;
3°. L'Académie des Sciences;
4°. Le Collège Royal;
5°. La Société de Médecine;
6°. L'Académie de Chirurgie;
7°. La Société d'Agriculture;
8°. L'Académie de Peinture et de Sculpture;
9°. L'Académie d'Architecture;
10°. Les Écoles de Chant et de Déclamation.

[13] L'Assemblée Nationale décidera si, par son Décret du [date laissée en blanc] à l'époque duquel aucune des parties de l'instruction n'étoit organisée, elle a entendu exclure les Membres des Législatures des emplois nombreux relatifs à l'instruction publique.

FIN.